우리 아이들의 창의성을 어떻게 길러줄 것인가

창의성을 내것으로

Doris J. Shallcross 지음

문정화 · 변순화 옮김

학지사

추천의 말

　개인의 성취와 창의적 표현에 대한 이루기 어려운 꿈은 예로부터 끊임없이 인류의 연구 대상이었다. 현대의 기술 발달과 높은 성취도 덕택에 이 연구는 좀더 가능성이 많아진 동시에 한층 더 불확실해지기도 했다.

　우리는 생물학, 심리학, 사회학 및 인류학 등의 생명과학 분야에서 새로운 법칙이 계속 발견됨에 따라 인간의 본질에 대해 더 많이 알게 된다. 그러니 기술의 진보가 가져다 준 인간과 사회의 큰 문제점들은 사람들을 혼란 속에 빠뜨리곤 한다.

　이 책은 개인적으로 창의성에 관하여 심도있게 연구하는 교사와 창의성에 대해 좀더 알고자 하는 사람들을 돕는다는 점에서 중요하다. 또한 창의성의 본질을 이해하고 일상생활에 그것을 적용하는 방법을 알려 준다.

　Hubert Read경은 파괴와 창의성은 정신에 내재하는 두 개의 상반된 힘이라고 했다. 이 책은 건설적인 측면에서 창의성 개념을 조망하고 있다. 여기서 건설적이라 함은 공동체 의식의 수립에 중점을 두고 협력하는 형태로 발생한다.

창의성 및 그 지도를 위한 시도는 많으나, 이 중 상당수가 너무 무리가 되고, 의도적이며, 자의식이 강하여 실패한다. Shallcross 박사의 이 저서는 독자로 하여금 문제를 풀어 보고 진행하게 함으로써 창의적 과정을 경험하도록 해 준다. '진행'이란 문제를 해결할 때 발생하는 감정에 인지적 사고를 적용시키는 것을 말한다.

이런 식으로, 교사는 창의성의 기본 태도, 즉 자신(감정)과 준비된 마음(영감과 일)의 혼합을 파악하게 된다.

Shallcorss 박사의 창의적 분위기에 대한 강조는 훌륭하다. 왜냐하면 창조가 가능하도록 교사들의 심리 상태를 조성해 줘야 하기 때문이다. 교사는 창의성의 근원이 될 창의적 패턴을 설정해야 한다. 이 책은 창의적 행동을 불러일으키는 방법을 단계적으로 보여 준다.

Sylvia Ashton Warner에 따르면, 훌륭한 창의성 교사인 Shallcross 박사는 가장 진정한 의미의 교육을 하고 있다. 즉 다른 사람의 마음 속에서 창의적 반응을 이끌어 낸다.

오늘날의 학교 수업은 본연의 임무로 되돌아가 모든 개인에게 진정한 변화가 일어날 기회를 주어야 한다. 창

의성은 교육사 전반에 걸쳐 지속적으로 되풀이되는 현안이지만, 창의적 교육방법에 대한 아이디어는 그 가치를 입증할 기회가 아직 없었다. 원리 원칙으로 되돌아가라고 고함치고, 교사들이 수많은 자료를 창의성에 활용하려고 애쓰고 있는 가운데, 내용이 풍부하고 알차며 특히 창의적 시도 및 학습 환경 조성의 도구가 되는 이와 같은 책들이 환영받아 마땅하다.

사람들이 이 책을 창의적으로 활용하여, 개인적 성공과 창의적 표현의 꿈을 실현하는 데 보탬이 되었으면 하는 바람이다.

창의성은 값진 보물이며, 창의적인 사람들은 의학 및 과학, 문학 및 예술에 큰 발전을 가져다 주고, 인류의 문명을 진보시켜 준다. 이 책은 창의적 교사의 본질을 가르쳐 주고 있으므로 세계의 모든 창의적 교사들에게 바쳐져야 한다.

Dorothy A. Sisk
남부 플로리다대학교 교육심리학과 교수
미 연방교육부 영재사무국 前 소장

옮긴이의 말

'아이디어 경쟁시대', '누가 뭐라든 창의적인 일에 관심', '정보화 시대에는 창의적인 사람만이 살아남을 수 있다', '다가오는 21세기에 성공하기를 원한다면 창의적인 사람이 되라' 이들 모두가 최근 방송이나 신문에서 발견할 수 있는 창의성을 강조하는 머리 기사들이다. 사실 우리는 그 어느 때보다도 창의성이 강조되고 있는 시대에 살고 있다.

창의성은 타고나는 것인가? 아니면 길러지는 것인가?

솔직히 말해서 어떤 훌륭한 창의력 훈련도 평범한 사람을 레오나르도 다빈치나 토마스 에디슨, 또는 엘버트 아인슈타인으로 만들 수는 없다. 세상을 보다 윤택하게 만들어 줄 정도의 탁월한 창의력을 발휘하는 천재는 인위적으로 만들어지는 것이 아니라 태어나는 것이다. 그러나 이러한 유전적인 한계에도 불구하고 모든 개인의 창의성은 훈련에 의해서 향상될 수 있다는 것 또한 분명한 사실이다.

창의성은 우연히 길러지는 것이 아니고 특별한 기술을 통해 길러진다. 그런데 창의성을 향상시키는 방법이나 기

술을 알고 있는 사람은 흔치 않다. 그런 의미에서 이 책
Doris J. Shallcross 박사의 Teaching Creative Behavior는
창의성에 관심을 갖는 모든 이를 위하여, 좀더 창의적인
사람이 되고자 하는 사람들을 위하여, 어린이들을 좀더
창의적으로 사고하도록 교육하는 사람들을 위하여, 그리
고 사녀의 창의성을 직접 길러 주고 싶은 부모들을 위하
여 좋은 지침서가 될 것이다.

　이 책은 단순히 창의성에 관한 이론이나 설명을 떠나
실제로 어린이들이 창의성 활동에 참가할 수 있는 프로그
램, 창의적인 행동을 장려하는 분위기 조성방법, 창의성
을 기르는데 방해가 되는 요소와 극복 방법, 어린이의 감
수성 계발 방법 등과 함께 창의적인 문제해결 과정의 실
례를 들어 가며 설명해 주고 있다. 따라서 어떤 연령의 어
린이든 창의성을 향상시켜 주기를 원하는 부모나 교사들
에게는 더없이 좋은 안내서가 되리라 믿는다.

　창의성이란 것이 우주선을 발명한다거나 특효약을 만
들어 내는 사람들처럼 무엇인가 그럴 듯한 것을 발명하는
사람들만의 전유물이 아니라, 어머니의 생일 파티를 좀더

멋있게 여는 방법을 생각해 내고 헌 구두에 화초를 심을
생각을 지닌 우리 모두의 것이다.

　창의성 교육에 대한 관심이 점점 더 고조되고 있는 이
때, 당면한 한국의 경제 사정을 고려하여 로얄티 지불없이
이 책을 번역 · 출판할 것을 기꺼이 허락해 준 Shallcross
박사의 훌륭한 인품에 존경심을 표시하는 바이다. 끝으로,
출판을 맡아 수고해 주신 학지사의 임직원 여러분께 감사
를 드린다.

1999년 8월
옮긴이들

차 례

제
1
장

창의성 : 모든
사람들의
관심사

하늘을 쳐다볼 때, 횡단보도를 건널 때, 커피를 마시며 휴식할
때…
일상생활 속에서 전혀 관련 없는 일을
생각하고 행동하는 도중에 문득 어떤 문제에
대한 해결책이나 답변이 떠올랐던 경험이
있을 것입니다.
그 당시에는 명확했어도 시간이 지나면
애매해지고마는 경우가 많습니다.

이제 책을 읽으면서 문득 떠오른 아이디어
(좋은 생각이든 진부하고 엉뚱한 생각이든)
또는 궁금증이나 문제해결책을 그때 그때
적어 모아 보십시오.

이 난은 당신의 창의성 모음을 위한 터입니다.

초보자를 위하여… 이렇게 해 보라

　두 손을 깍지 끼어 보라. 어느 손가락이 위에 있는가?

　이번에는 반대로 끼어 보라. 어떤 느낌인가? 아마 이상하고 불편할 것이다. 팔짱을 끼어 보라. 이번에도 반대로해 보라.

　다리 꼬기도 그와 같이 해 보라.

　여러분은 평상시의 편안한 신체 상태와 반대되는 상태를 해 보았다. 이 책을 읽다보면 정신 상태에 대해서도 이렇게 시도할 기회를 가질텐데, 아마 처음에는 불편함과 쇄설을 어느 정도 경험할 것이다. 여기서는 여러분을 정신적 무기력 상태에서 혼들어 깨우고 내부에 잠재해 있는 창의성을 개발하는 데 목표를 두고 있기 때문이다.

창의적 인간

　창의성은 모짜르트, 램브란트, 아인슈타인 등 선택된 몇 사람만의 독점 소유물이 아니다. 그들의 재능이 우리보다 뛰어날지는 몰라도 그 재능을 상점의 특별 코너에서 따로 팔지는 않는다. 창의성은 우리 모두에게 있다. 인간이 다른 생물체보다 우위에 서는 것은 바로 이 능력 때문이다. 다른 능력과 마찬가지로 창의력의 수준은 사람마다

다르며, 그 능력을 표출시켜 우리에게 도움을 주도록 만드는 것이 중요하다.

창의성이 뛰어난 사람들에 관한 연구들을 보면, 그들은 자기 마음을 잘 다스렸다. 즉 창의력 계발을 위해 자기 훈련하는 방법을 잘 알았다. 이러한 연구들로부터 창의성이 뛰어난 사람들은 다음과 같은 특징을 가지고 있다고 결론 지을 수 있다.

1. 새로운 것 앞에서 자신과 다른 사람들의 마음을 열고자 노력한다.
2. 스스로 생각하고, 자신을 자원으로 이용한다.
3. 열린 마음을 유지하고 이 열린 마음을 외부 세계와 통합하려고 계속 노력한다.
4. 자신의 내부로부터 외부까지, 전후로 진행되는 지속적인 결과를 이용해 결론을 찾는다.

이 개념은 다음에 있는 그림과 같이 무한대 부호로 표시되어 왔다.

창의적인 사람들은 외부에 대해 개방적인 태도를 유지하며, 외부에서 발견한 것을 내부와 통합한다. 창의성이 뛰어난 사람들은 외부 자원을 존중하는 것만큼 자신을 자원으로서 존중한다는 점이 이 개념의 핵심이다. 그들은 지식의 세계에 이바지할 수 있다는 자신감을 갖고 있다.

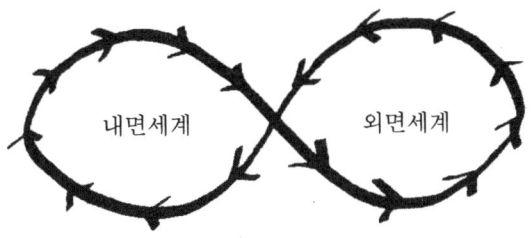

내면세계   외면세계

　우리는 창의성에 대한 이 생물학적 기본 개념을 일반 적으로 인정한다. Markberry는 모든 동물에 존재하는 생물학적 창의성과 인간만이 가지는 심리학적 창의성을 따로 구분하고, 심리학적 창의성은 사적으로 중요한 여러 가지 새로운 산물을 창조해 낼 힘을 개인에게 부여한다고 주장한다.

　우리 자신의 태도야말로 내면의 잠재력을 깨닫는 열쇠 이다. 간단한 예로 한 가지 문제에 직면했을 때, ‘어떻게 하면 될까’ 라고 적극적으로 접근하기도 하고 ‘불가능해’ 라는 소극적인 사고로 접근하기도 한다. 적극적 태도는 중요하며 자의식에서 비롯된다.

　지난 20년간 ‘인류의 잠재력 운동’ 은 사람들이 알고 있는 것 이상으로 창의성 교육 운동에 많은 영향을 끼쳤 다. ‘인류의 잠재력 운동’ 에 의해 상소된 자의식이야말로 인간이 개인의 자유에 대한 생각을 창의적으로 표현할 수 있게 해주었다고 생각된다. Maslow의 ‘인간 욕구 체계’

이론에서는 창의성과 자아 실현이 가장 높은 단계에 자리
하고 있다고 설명한다. 그러나 가장 높은 단계는 모든 사
람에게 있어 같은 수준은 아니다. 자기 성취에 필요한 조
건은 사람마다 천차 만별이기 때문이다. 이론적인 인간은
인류 전체를 괴롭히는 문제들을 해결할 수 있는 추상적
사고가 가능하지만, 그래도 자신이 하는 일에 자부심을
느끼고 다른 종류의 문제를 해결할 수 있는 배관공같은
사람의 도움을 필요로 할 때도 있다. 창의성은 모든 사람
의 관심사다.

교육의 역사상 창의성에 관한 몇 가지 견지

1950년대 이전에 창의성 분야의 실험적 연구 및 이를
이용한 프로그램 계발이 가능하도록 길을 닦아 놓은 사람
들로는 선천성 천재를 연구한 F. Galton, 창의성 과정 모
델을 만든 G. Wallas, 1930년대 후반에 Wallas의 모델을
실험한 Catherine Patrick, 많은 미국 발명가들의 보고서
를 연구하여 비슷한 모델을 제시한 J. Rossman 그리고 창
의적 산출물의 양과 질의 관계를 알아보기 위해 여러 분
야에서 활동한 창조적 인물들의 전기를 연구한 Harvey
Lehman 등이 있다.

1950년대에 창의성에 관한 활동이 활발히 일기 시작했

다. 이 연구 센터들은 이에 많은 노력을 기울였으며, 창조적인 사람들과 창의성 과정에 관한 새로운 지식을 이용하는데 많은 기여를 했다. 그 당시 가장 주목할 만한 센터 중 하나가 '남가주 대학의 적성 연구 프로젝트'로서, 바로 J. P. Guilford가 연구를 수행한 곳이다. 이 프로젝트의 중요 목표는 창조적 활동시의 사고 과정을 포함하여 인간 지능을 전반적으로 이해하는 것이었다. Guilford와 그의 동료들은 지능의 가장 중요한 면 중 하나가 창의적 사고 능력이라는 자신들의 가설을 입증하기로 했다.

적성 연구 프로젝트의 시도 방법은 교육받은 사람들이 그 성과에 있어 어떤 개인차를 보이는지 연구하는 것이었다. 이때, 창조적으로 사고하는 사람들의 어떠한 필수 기능도 대부분의 사람들이 어느 정도 공통적으로 가지고 있음을 전제로 했다. 특정한 창의적 능력을 검사하기 위해 그들이 만든 테스트는 이후의 연구에 추진력이 되었다. 그들이 확인한 능력은 감수성, 네 종류의 유창성, 즉 언어, 관념, 연상, 표현의 유창성, 그리고 두 종류의 융통성, 즉 자발성 및 적응 융통성이다.

또 다른 방법에 의한 연구가 미국 버클리에 있는 캘리포니아 대학 부속 인성연구 및 평가 연구소에서 Donald MacKinnon과 Frank Barron의 주도하에 착수되었다. 그들의 목표는 여러 분야에서 창조적 성과가 높다고 인정된 사람들의 특성을 밝히는 것으로서, 문학, 건축, 행정 및

수학 분야의 지도자들을 대상으로 했다.

미네소타 대학의 E. Paul Torrance는 아동들 및 창의적 사고를 지도하고자 한 교사들의 창조적 성과에 대해 연구했는데, 이는 어린이들과 청소년들의 연령에 따른 창조적 성취 관계를 보여 줄 뿐만 아니라 창조적 성과와 그것에 영향을 주는 환경과의 관계를 알아보는 데 중요한 기여를 했다.

유타 대학에서는 Calvin Taylor와 그의 동료들이 과학에서 창의적 가능성을 나타내 주는 전기적 목록을 계발했고, 창조적 과학 재능에 관한 중요 학술 대회를 후원해 주었다.

1950년대 초에 Alex F. Osborn은 그의 저서 Applied Imagination을 펴냈고, 창의성 교육 재단을 설립했으며, 버팔로에서 열린 제1차 창의적 문제해결 연구 발표회를 후원했다. 이 창의성 교육 재단은 현재 창의성 분야의 유일한 정기 간행물인 Journal of Creative Behavior라는 잡지를 발행하고 있다.

1950년대 중요한 지도자들로부터 힌트를 받은 연방 정부는 1960년대에 가서 창의성의 장려를 위한 교육 프로그램법을 제정하여 초 · 중등학교 법령 제3장에 넣었다. 1970년대는 연방 정부가 영재아를 위한 프로그램을 지원했는데, 이들 프로그램의 대부분은 창조적 재능 계발을 강조한다.

　최근 교육계에서 밝혀진 좌뇌·우뇌 성향은 창의성 프로그램에 대한 중요한 의미를 내포하고 있다. 공립학교들은 전통적으로 좌뇌의 기능, 즉 언어 및 논리성 발달을 중요시해 왔다. 연구 결과에 따르면 시각이나 직관을 통해 정보를 잘 받아들이는 우뇌 성향의 학습방식을 가지는 사람들도 있다. 이러한 발견은 동양 철학에 있어서 과거 20년간 일어났던 관심에 신뢰를 더해 주며, 직관은 많은 사람들의 학습에 중요하다는 사실을 일깨워 준다.

이 난은 당신의 생각 모음을 위한 공간입니다.

제 2 장

창의성 : 산물 · 과정 · 인성 · 환경

이 난은 당신의 창의성 모음을 위한 터입니다.

창의성은 매우 어려운 용어이다. 창의성이 정확히 무엇인지, 창의성이 높거나 낮음을 결정하는 요인이 무엇인지 밝히기 위해 쓰여진 책들이 많다. 개인이 창조한 산물과 그 산물을 창조하는 과정 중 어느 것이 더 중요한가? 한 인간이 창의적이냐 아니냐를 결정하는 요인은 유전적 특성과 후천적으로 제공된 환경 중 어느 것인가? 이들 물음에 대한 해답은 많은 논란의 대상이 되고 있다.

산물, 과정, 인성 그리고 환경이라는 각각의 용어 자체에 대한 정의는 여러 가지이다. 어떤 사람은 창의적 산물이란 만질 수 있는 것이어야 한다고 하는가 하면 또 어떤 사람은 창의적 사고의 표현 자체도 창의적 산물이라고 주장한다. 창조하는 과정이 모든 사람에게 있어 동일하다고 주장하는 사람도 있고, 개인마다 다르다고 하는 사람도 있다. 인성에 대해서, 창의적인 사람은 타고나는 것이지 만들어지는 것이 아니라는 주장과 창의적 사고는 학습될 수 있다는 주장이 있다. 환경론자들은 창의적 행동은 훈육에 의해 길러진다고 강력히 믿으며, 유전론자들은 창의적인 사람은 어디서 길러지든 관계없이 창의성을 발휘한다고 생각한다.

사실상, 위의 입장들은 연구하는 사람이 어느 쪽을 입증 또는 반증하느냐에 따라 옹호되거나 반론이 제기된다. 교사들은 그들이 담당하는 학생들간의 개인차가 엄청남을 인식하고 있기 때문에 학생들이 가지고 있는 창의적

잠재력을 발전시키려는 시도를 할 때 모든 장애물을 제거하고 선별적 접근을 하는 것이 바람직하다. 각 분야의 연구가들은 우리에게 많은 것을 가르쳐 주었다. 그리고 우리들은 교사로서 학생들을 가르치는데 다양한 수단을 이용하는 것을 배웠다. 만약 물구나무 선 채 음식물을 모조리 토하는 것이 어떤 학생에게 접근할 수 있는 유일한 방법이라면 교사는 서슴지 않고 그렇게 해야만 한다.

적어도 어느 것이 창의성으로 간주되고 어느 것이 그렇지 않은가 하는 문제에 대해 이야기를 나눌 사람이 있다는 것은 중요한 일이다. 이 책에서는 중요한 내용만 간단히 다룬다. 이 영역의 창의적 행동을 시험해 보고자 할 경우에는 심도 있는 조사를 해야 하지만 처음에는 당신의 결정이 몇 가지 필요하다.

예를 들어 당신은 최종 산물이 창의적인지 아닌지 어떻게 판단하는가? 이에 대해 두 가지 대립되는 학설이 있다. 한 가지는, 그것을 산출해 낸 사람에게 있어 새로운 것이면 창의적이라는 주장이다. 그 산물이 이미 다른 사람에 의해 만들어져 존재한 적이 있더라도 지금 산출한 사람에게 새로운 것이므로 창의적 산물이라는 학설이다. 또 하나의 학설은, 최종 산물이 창의적이려면 전에 존재한 적이 없어야 하며, 전에 만들어진 어느 것과도 다른 특별한 조건을 만족시켜야 한다. 이 조건에는 최신이거나 색다른 것, 상황에 적절한 것 그리고 재료나 아이디어의

변형으로 기존의 결점이 제거되었을 것 등이 있다. 또 한 가지 명심할 사항은 최종 산물은 의도에 따라 크게 달라진다는 것이다. 실용을 목적으로 한 산물과 심미적인 표현의 산물이 극단적인 예이다. 이제 개인의 가치 기준이 활동을 시작할 순간이다. 새로운 외과 수술 기구와 훌륭한 음악 작곡 중 어느 것이 더 값진가?

최종 산물의 판단은 많은 물음을 제기시킨다. 중요한 것은 학생들이 자신들 및 이전의 성과에 대하여 평가받을 것인가, 그들의 노력의 가치를 평가하는데 사회의 규준을 적용할 것인가에 대해 교사인 당신이 내리는 판단이다.

Brewster Ghiselin은 그의 저서 『The Creative Process』의 서문에서 다음과 같이 말했다.

창조 과정은 주관적인 인생 설계에 있어 변화, 발전, 진화의 과정이다. 자신의 활동을 통해 진화가 시작되고, 또 대부분 완료된 사람들만이 창조 과정에 많은 관심을 가져 왔다. 그들의 노력은 사회로부터 지지를 얻지 못했고 심지어는 방해를 받기도 했다.

창조 과정에 대한 물음들은 항상 관심과 논쟁의 대상이 된다. 과정을 신성시하기 좋아하는 사람들은 어떻게 최종 산물에 이르게 되었는지 중요시하지 않으며, 현재 존재하는 것에만 관심을 두므로 창조적 산물이 갑작스럽게 형성된 것으로 본다. 이 견해를 강력히 옹호하는 사람

들은 거기에 도달하는 과정을 분석하려는 시도를 가증스
러운 행위 또는 신성 모독으로 생각한다.

　그러나 과정 분석에 찬성하는 사람들은 최종 산물이
창조되는 과정 내의 창의적 행동에 관한 지식이 미래의
성과에 중요하다고 생각한다. Ghiselin은 "발명의 과정에
이르는 통찰력은 고도의 활동적인 지능의 효율성도 증가
시켜 줄 수 있다"고 주장했다.

　최근 몇 년간, 인간의 정신이 작용하는 방식에 대한 관
심도가 높아졌다. 우리는 교육현장에 혁명을 불러일으킬
학습 방식과 정신 기능에 관한 지식을 습득해 왔다. J. P.
Guilford의 저서인 『*Way Beyond the I. Q.*』는 인간 지능에
대해 더욱더 잘 이해할 수 있도록 해 준다.

　앞서 언급된 창조 과정의 개체성과 일반성에 관한 논
의에 덧붙여, 창조 과정을 배우는 것이 가능한가 그렇지
않은가에 관한 논의가 있다. 분명히 우리는, 사회 규범 또
는 창조자 자신들에 의해 창의적이라고 판명된 사람들을
연구하여 밝혀 낸 창조 과정의 요소들을 인정할 수 있다.
우리는 스스로 잠재력을 계발하고, 알맞은 것은 채택하고
부적당한 것은 버리고 필요한 지식, 기술 및 태도를 밝혀
내는 데 그 정보를 이용할 수 있다.

　제기되는 또 다른 물음은, 창조 과정이 발휘되게 하는
것은 무엇이며, 언제 창조 과정이 발휘되는가이다. 자극,
본능, 영감, 동기, 격려 등에 의해 어느 부분이 발휘되는

가? 창조 과정이 시작될 때까지 앉아서 기다려야만 하는가, 그렇지 않으면 그런 순간을 유도해야 하는가? 나는 대학에 다닐 때 시작해서 지금까지도 끝내지 못한 "영감의 순간과 그 순간 무엇이 일어나는가"라는 제목의 연구물을 생각할 때마다 웃음이 난다.

창의적 성과를 돕거나 방해하는 개인의 특성에 관한 많은 연구들이 있었다. 창의적 성과를 돕는다고 가장 널리 판명된 특성들은 다음과 같다.

경험에 개방적임
독립적임
자신감에 차 있음
위험에 도전적임
유머 감각이 있고 쾌활함
실험을 즐김
감성적임
겁이 없음
용감함
관습에 얽매이지 않음
융통성이 있음
복잡한 것을 좋아함
목표 지향적임
독창적임
자율적임
자립심이 강함

주장이 강함
호기심이 강함
상상력이 풍부함
무질서를 용인함
애매모호함을 허용함
의욕적임
엉뚱한 경향이 있음

창의적인 인물의 특성이라고 밝혀진 인품상의 특징은 북소리를 색다르게 듣는 Thoreau의 작중 인물의 관점에서 생각되어지곤 한다. 그 인물은 일반적으로 불복종자이지만 마찰을 꼭 일으키는 것은 아니다. 사실상, 수줍음이 창의적인 사람의 특성이 되기도 한다. 많은 특성들이 서로 병립되는 것처럼 보인다. 이러한 특성들은 선천적인가 후천적인가? 만약 후천적이라면 교육자들의 의문은 어떤 방법으로 이들 특성들을 계발할 수 있는가 하는 점이다.

이 의문은 개인이 창의적으로 수행하는 능력에 환경이 주는 영향으로 직접 연결된다. 우리는 주로 창의적 행동을 복돋우는 환경을 지지적인 환경으로서 생각한다. 여기서의 지지는 마음에 없는 칭찬이 아니라 개인을 귀중하게 하는 진정한 후원이다. 환경적 지지는 실수를 용납하고, 실험, 솔직함 및 위험의 감수를 고무한다. 또한 개인의 잠재력을 발휘할 수 있는 분위기를 만들어 준다.

그런데 창의적 행동을 일으키는 것은 항상 따스한 보

금자리일까? 초기 단계에는 아마 그럴 것이다. 그러나 창조적 산물의 표현을 불가피하게 하는 극적인 인간의 고통은 흔히 미래에 대비할 수 있는 자세를 갖추게 해 주며 실제로 몇몇 세계적으로 위대한 문학은 인류가 위기에 처해 있을 때 꽃피었다. 그리고 "필요는 발명의 어머니다"라는 말은 진부하지 않다. 인간은 적극적으로 혹은 소극적으로 환경에 대응한다. 적극적인 대응은 특히 인격 형성기에 지지적 환경을 통해 자기 가치 의식을 계발할 기회를 누려 온 삶에 해당할 것이다.

나는 이 장(章)에서 창의성에 관한 다양한 견해를 소개하였다. 교육자들은 때에 따라서 각각 다른 견해가 유용하다는 것을 안다.

이 난은 당신의 생각 모음을 위한 공간입니다.

제 3 장

창의적 행동을
장려하는
분위기 조성

이 난은 당신의 창의성 모음을 위한 터입니다.

창의적 행동을 유발할 수 있는 환경은 여러 가지 방법으로 조성될 수 있으며, 그 방법들은 연구결과 확증된 창의적 행동의 원칙을 바탕으로 한다. 환경은 세 가지 중요한 요소, 즉 물리적인 면, 정신적인 면 및 정서적인 면을 고려한다. 개인의 학습 방식과 교사가 서로 다른 학생들을 동기 부여하는 데 사용하는 다양한 방법을 알기 위해서는 이 세 가지 요소 모두를 설명하는 것이 바람직하다. 우리는 동일한 동기 부여 방법을 여러 차례 반복 사용하면 효과가 없다는 사실 또한 알고 있다.

물리적, 정신적 그리고 정서적인 면에서 분위기를 조성함으로써 우리는 의식적인 학습과 무의식적인 학습(또는 학습에의 동기)이 발생할 수 있는 무대를 마련한다. 달리 말해서, 우리는 계획적인 산출물과 우연한 산출물 모두를 위한 환경을 제공해 주고 있다.

이 시점에서 창의적 행동을 계발하는 데 대한 커다란 오류 한 가지를 언급하는 것이 타당할 것 같다. John Dewey의 진보 교육 운동이 다수에 의해 잘못 해석되어 완벽한 성공을 거둘 수 없었고 때로는 파괴적인 결과를 초래했던 것처럼, 학교 정규 과정에 창의적 행동을 도입하려는 시도 중 몇 가지는 교육적으로 그다지 성과를 거두지 못했다. 학급에서의 창의성은 학생들이 뭐든지 마음대로 해도 되는 혼란 상태를 의미하지는 않는다. 또한 교사가 책임자로서의 역할을 포기하는 것을 의미하지도 않

는다. 교사는 학생들의 물리적, 심리적 안전에 대한 그 중
요한 책임을 결코 포기 할 수 없다. 창의적 성과를 위한
분위기 조성은 전혀 체계가 없고 아무렇게나 하도록 만드
는 것을 의미하지 않는다. 창의적 성과는 사실상 개인에
게 상당한 자율을 부과하며, 근본적으로 안정감을 느낄
수 있도록 충분한 틀이 제공될 때 가장 효과적이다. 사람
들은 뒤따르는 결과로 인해 그들의 전체적인 토대가 무너
질 염려가 없음을 알 때 위험을 더 잘 감수한다.

물리적 환경

교실에는 교사가 지향하는 행동들에 필요한 물리적 도
구들이 있어야 한다. 정교하거나 값비싼 것일 필요는 없
다. 실제로 모든 교실은 학생들이 짝지어서 혹은 혼자서
일할 수 있을 뿐만 아니라, 큰 집단 및 작은 집단의 활동
이 가능하도록 꾸며질 수 있다. 만약 책꽂이나 분할기가
없다면 오래된 커튼, 두꺼운 종이 등을 이용할 수 있고,
학생들에게 도구를 고안하는 훈련을 시켜도 좋다. 중요한
것은 교사가 여러 가지 목적에 알맞는 공간을 만들 수 있
도록 환경을 제공해 주는 일이다. 만약 학생들이 혼자 활
동할 수 있도록 개인석을 지정해 줄 여건이 못 되면, 일정
한 시간만이라도 자신에게 할당된 공간을 가질 수 있어야

한다. 조그마한 탁자, 창문을 향해 놓인 전통적 책상 등 자신의 공간이라고 주장할 수 있는 것이면 된다.

학생들에게 개인 공간을 할당해 주는 것과 마찬가지로, 사용 중인 도구를 안전하게 보관할 장소도 있어야 한다. 개인 사물의 '보관 장소'로는 신발 상자, 칸막이 캐비닛, 큰 봉투, 파일, 책상 등 어떤 종류의 용기도 좋다. 창의성을 위해 환경을 조성하는 데 있어서 교사는 개인의 공간과 사물을 서로가 존중해 주는 것이 얼마나 중요한가를 강조해야 한다. 학교에서는 성적, 미술 작품, 체육부나 음악부 명단, 방과후 남을 학생들 명단, 수학 재시험 계획표 등 학생늘에 관한 것이 제시된다. 장의적 행농을 길러 수기 위해 학생들에게 위험에 도전하고, 새로운 것을 시도하고, 남다른 것을 해 볼 것을 요구하는 경우, 그들이 모험을 하고 있는 동안에 프라이버시를 지켜주는 것이 필요하다. 우리는 학생들이 어떤 활동을 수행할 때 시기상조의 간섭을 하는 경향이 있다. 예를 들면 너무 일찍부터 '이건 틀렸다'고 말하거나, '이렇게 고치면 더 좋겠다'고 지적하거나, 빨리 해결하도록 하기 위해 도움을 주거나 한다. 이런 이른 간섭은 고무시키기보다는 위축시키기 일쑤다. 학생들의 개인 공간은 창의적 성과에 중요한 정서가 뒷받침이 된다.

교실에서의 다른 물리적 환경 요소에는 코르크 보드, 탁자, 선반, 과일바구니 등 창의성을 기를 목적으로 준비

된 것이면 어떤 것도 포함된다. 책, 지도, 백과사전, 게임 도구 및 퍼즐뿐 아니라 종이, 끈, 풀, 연필, 색연필, 가위 등 필요한 물건들은 손닿는 곳에 두어야 한다. 학교의 재정이 아주 튼튼하든 그렇지 않든, 가능한 한 교사들은 다양한 자료를 교실에 준비해 놓는 것이 좋다. 결정적인 순간에 학생들이 그것들을 금방 이용할 수 있다면 창의적 행동을 고무하는 데 큰 몫을 한다.

정신적 환경

학습은 주관적으로 또는 객관적으로, 우연히 혹은 신중히 자극을 받을 때 일어난다. 따라서 한 학급 내 학생들 간에 학습 양식과 흥미가 가지각색임을 고려해서 교사는 다양한 자극을 제공하여야 한다. 바람직한 정신적 환경은 도전적이되 벅차지 않은 것이다. 사람은 성공의 경험을 통해 다음 활동을 시도하도록 고무되기 때문에, 처음에는 성공이 확실한 문제를 제시하고, 점차로 수준을 높여가는 것이 좋다.

학습 방식이 언어 지향성인 학생에 있어서는 비교적 풀기 쉬운 단어 게임으로 시작한다. 단어 사다리 게임이 좋은 예이다.

✎ 문제 한 번에 한 글자씩 바꿔서 HATE를 LOVE로 만들어
보라.

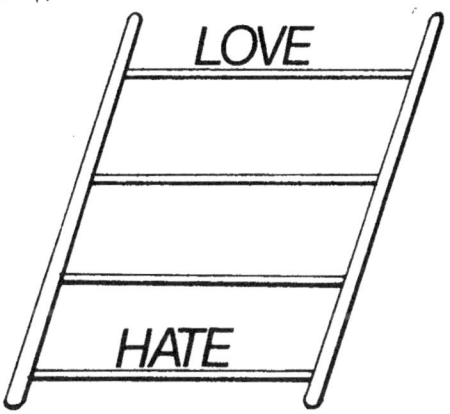

※ 가능한 답은 아래와 같다.

각종 형태의 퍼즐이나 문제를 풀 때 학생 스스로 답을 만들어 내도록 유도하라. 학생들이 자신의 결과물을 이야기하거나 전시함으로써 친구들에게 발표할 기회를 주어라. 그렇게 함으로써 학생들 스스로가 지속적인 자극을 느낀다.

시각적인 학습을 선호하는 학생들은 'Droodles'라는 문제를 좋아하는데, 초기 단계 연습으로 추천할 만하다.

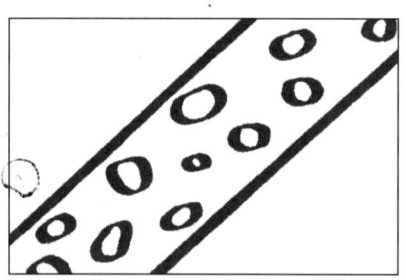

창문옆으로 지나가는 기린의 모습

또 이들은 다음과 같은 그림처럼 표현된 단어를 좋아한다.

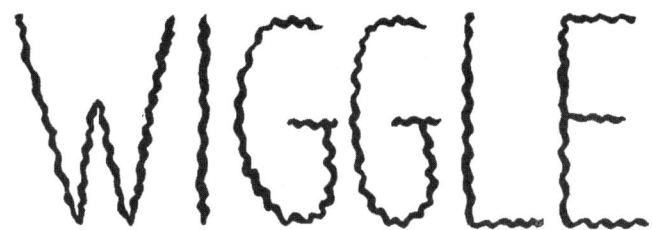

수학의 광들은 수리 퍼즐을 좋아한다. 간단한 문제를 예를 들 수 있다.

✎ **문제** 여덟 개의 8을 써서 1000을 만들어 보라.
※가능한 답은 아래와 같다.

$$
\begin{array}{r}
8 \\
8 \\
8 \\
88 \\
888 \\
\hline
1000
\end{array}
$$

좀더 수학을 잘하는 학생들은 수학 지식뿐 아니라 사고의 융통성도 요구하는 한층 더 복잡한 문제들을 좋아한다.

✎ **문제** 빈칸에 적당한 수를 넣어 보라.

5	6	7	8	9
52	63	94		18

※ 답은 46이다. 아래의 수들은 위의 수를 제곱하여 거꾸로 쓴 것이다.

앞에서 언급된 바 있는 연상 능력을 기르는 것은 학생들의 정신적 도전에 도움이 된다. 브레인스토밍처럼 유창성을 기르는 방법은 학생들에게 자신의 정신 능력에 대한 보다 긍정적인 생각을 갖게 한다. 융통성은 위에서 본 모든 연습 문제에 해당된다. 융통성은 선택의 폭을 증가시키므로, 모험에 도전하는 것이 학생들간에 좀더 평범한 일이 되며, 어려운 문제들에 대해 두려움보다는 흥미를 점점 더 갖게 한다.

정서적 환경

정서적 환경이 뒷받침되지 않으면 물리적, 정신적 환경에 적절한 모든 요소를 제공해도 소용 없다. 정서적 분위기를 갖추어 주면 학생들은 교사나 동료들이 준 물리적,

정신적 자극에 편안하게 반응하며, 확고한 기본 규칙이 깨지지 않는다고 안심한다. 기본 규칙은 학생들로 하여금 각자의 능력에 따라 성장할 수 있고, 공유할 준비가 되기 전까지는 프라이버시를 지켜 주며, 서로 간의 차이를 존중해 줄 수 있게 한다.

교사와 함께 활동하는 학생들의 연령에 관계 없이, 신뢰의 분위기가 조성되고 유지되어야 한다. 신뢰란 사실 불확실한 개념으로서, 마치 백신주사처럼 일정 기간 동안 효력이 있으리라 기대할 수는 없다. 신뢰는 부단한 실행과 강화를 필요로 한다. 특히 창의적 행동을 위한 분위기 조성 초기 단계에서 교사는 신뢰의 분위기를 위한 역한 모델인 동시에 문지기가 될 필요가 있다. 누구나 신뢰가 무너지는 좌절을 경험하고 나면 다시 그런 상황이 올 때 결코 모험을 하지 않으려 한다. 특히 어린 아이에 있어서 신뢰의 파괴는 창의적 행동을 하려는 노력에 가장 해로운 요인으로 작용한다.

학생들에게 항상 주어진 시간에 학급 의제에 대해 알려 줘야 한다. 매일 말이나 글로써 학생들에게 그날의 목표를 알려 주면 학생들이 안정감을 갖는 데 도움이 될뿐더러 어떤 개인적 도전감을 느끼기에 충분히 안정된 환경을 학생에게 제공하는 한 가지 방법이 된다. '오늘은 조용히 개인 활동하는 날' 또는 '오늘은 소그룹으로 브레인스토밍하는 날' 등으로 간단히 알려 준다. 학생들은 그날

이 '확산적인' 날이 될지 '수렴적인' 날이 될지 알게 된다. 예를 들어, 그날이 '확산적인' 날이라면 완전히 개방을 고무하는 규칙이 지배적이고, 어떤 의견도 어리석다거나, 극단적이라거나, 불가능하다거나, 말이 안 된다고 비난받지 않는다. 옳고 그른 대답이 없고 아무도 남을 비평하거나 비웃어서는 안되며, 모든 대답이 다 받아들여진다. 교사들은 그런 시기를 표시하기 위해 푸른 불빛을 즐겨 이용한다. 붉은 빛, 즉 '수렴적인' 날은 판단이 도입되는데, 엄격하고 매정한 판단이 아니라 중요한 기준을 통한 선별이다.

진지한 도움은 매우 중요하다. 거짓을 알아차리는 데 있어 어린이들은 많은 어른들보다 예리하다. 본인이 엉터리라는 것을 알고 있는 작품을 칭찬하는 것은 도움이 되기는 커녕 불신을 낳는다. 비평을 하는데 있어서는 방법이 중요하다. 그 사람이 전혀 가치 없다는 느낌을 주는 비평은 잘못된 것이다. 그렇지만 학생의 평소 성과나 능력에 못 미치는 결과라는 뜻의 비평은 해롭지 않다. 결과물의 부정적 비평을 부드럽게 하는 방법 중 한 가지가 자기 확인이다. 예로서, 영희는 엉성한 내용의 글쓰기 작품을 제출했고, 이를 읽고 담임 선생님께서 영희를 부르셨다.

선생님 : 영희야, 지난 번에 받아쓰기 시험을 잘 보았지?
영 희 : 예.

선생님 : 내가 듣기로는 네가 남동생을 아주 잘 보살피고
있다던데, 그러니?

영　희 : 예.

선생님 : 스키도 잘 탄다면서?

영　희 : 예.

선생님 : 친구가 많니?

영　희 : 예.

선생님 : 영희는 잘하는 것도 많고, 인기도 아주 좋구나.
그렇다면 네가 보완할 것은 아까 제출한 글쓰기
뿐 이겠구나. 좀더 열심히 할 수도 있었지?

영　희 : 예.

　창의적 행동을 돕기 위한 교실의 정서적 환경 조성은
학생들이 자기 가치, 소속감 및 자신의 서력을 경험하도
록 상황을 제공하는 일이며, 이를 동해 자신과 타인의 존
엄성을 느끼게 된다. 학생들은 진실한 도움을 받았을 때
다른 사람을 돕는 방법을 터득하게 된다. 그리고 점차 수
준 높은 도전을 받음으로써 자신감을 얻는다.

이 난은 당신의 생각 모음을 위한 공간입니다.

제
4
장

개인으로서의
학생

이 난은 당신의 창의성 모음을 위한 터입니다.

George T. L. Ainsworth-Land의 변형 이론에 관한 주요 연구물은 학생 개인의 성장과 발전을 관찰하고 평가하는 틀을 제공한다. 사실상 Land의 모델은 보편적으로 적용 가능하며, 그의 저서인 『Grow and Die : The Unifying Principle of Transformation』은 면밀히 검토해 볼 만하다. 이것은 학생 개인의 발달을 도표화하는 방법에 관한 기초 이론에 적용된다. Land는 아래와 같은 네 가지 발단단계가 모든 생물에 존재한다고 밝혔다.

형성기
규범기
통합기
변형기

발달 및 성장 과정에서, 인간은 질서를 유지하려고 애쓴다. 현재의 단계가 더 이상 풍요롭지 못하거나, 필요한 환경을 제공하지 않을 때 다음 단계로 올라간다. 이 성장 사이클은 한 인간의 전 생애 혹은 일생 동안의 다양한 경험의 관점에서 살펴볼 수 있다. 다시 말해서 한 개인의 주요 생활사 내에 있는 여러 가지 성장 사이클들은 성장 기회를 제공하는 만남에 대한 다양한 경험에 의존한다. 내재되어 있는 개인의 창조적 잠재력을 경험시키려면 또 다른 성장 사이클이 생활 방식에 융합되어야 한다. 이 특별

성장 사이클은 막대한 영향을 끼쳐서, 여러 발달 단계에서 임의의 다른 사이클들에 동시에 변화를 줄 수도 있다.

Land의 모델이 갖는 장점은, 사람이 자신의 내부에서 일어나고 있는 것을 언제든지 얻을 수 있다는 자각뿐만 아니라, 경험하고 있는 모든 단계가 지극히 정상이고 필수 단계라는 확신에 있다. 나는 변형 이론 모델을 토대로 교생실습을 한 경험이 있다. 교생들은 가장 어려운 발달 단계에서 조차도 자연스러움을 이해함으로써 얻은 위안을 거듭거듭 표현했다. 나의 의견을 곁들인 각 단계에 관한 정의는 다음과 같다.

형성기 : 새로운 환경을 통제하고, 그 곳에 적응해야 한다. 스스로 안정감을 느낄 수 있도록 하고, 새로운 환경의 기본 규칙을 익히고, 그 환경 내에서 자신의 존재, 주체성, 자기 존재의 확실성을 확립하는 자기 중심적 단계이다.

규범기 : 새로이 형성된 자아가 자신과 비슷하기를 추구하며, 동일성을 지닌 사람들의 영향을 받고, 일원이 되고, 남다르게 보이기를 원치 않고, 다른 사람들의 모습과 행동을 모방할 필요를 느끼고, 소속감을 필요로 하며, 남다르게 보일까봐 두려워하면서 자의식을 경험한다.

통합기 : 타인과 닮는 것이 더 이상 매력이 없다. 외모나

행동에 있어 동일성에 싫증을 느끼고 더 이상 필요 없어진다. 자신 내부에서의 차이점 및 남다름을 알아차리기 시작한다. 남다름을 공유하려는 욕망으로써 자신의 환경을 풍요롭게 하는데 기여한다. 자신만의 독특함에 자부심을 느낀다. 자아가 명백할수록 자부심은 커진다.

변형기 : 자신을 다른 사람들과 공유함으로써 풍요롭게 하는 기회가 줄어든다. 공유하는 수준은 제자리 걸음하므로 더 이상 성장의 기회를 제공하지 않는다. 지속직인 성상을 위해 전진해아 한디고 느낀다. 사신의 생활 또는 생활 방식에 주요한 변화의 필요성을 느낀다. 기쁨과 안도감을 주던 것을 포기한다는 의미에서 분명히 위기의 시기이다. 충격적 사건이 일어날 수 있다는 사실을 깨닫고, 개인적 위험이 따를 것을 두려워하며 불확실성으로의 실존적 비약이 일어날 수 있음을 깨닫는다. 후퇴하거나 정진한다. 후퇴란 굴곡 없이 평화롭게 지내는 것을 말하고, 정진이란 다른 사이클 및 주체와 개인 공간과의 투쟁의 시작, 즉 변형을 의미한다.

사람의 생애를 Land의 모델로 살펴보자. 형성기는 유

아 및 초등학생 시절이다. 아기는 자신의 존재를 알리고
나서 다른 사람들에게 필요한 것들을 요구한다. 그 역할
은 의존적이긴 하지만 수동적이진 않다. 2세에서 7세까지
는 권리, 장난감, 공간, 부모 등을 요구하면서 자신을 계
속 확립한다. 또 신체의 협응, 언어, 지적 예민함이 이뤄
지고, 다양한 감정을 실험한다. 7세가 될 무렵에는 어른들
로부터 독립을 시도하기 시작하며, 의존과 독립 사이에서
갈등한다.

　이 갈등은 다음 발달 단계인 규범기로 넘어가려는 시
도이다. 인류의 일원으로서 터전을 다진 다음 사춘기로
접어들면, 의존 대상이었던 어른들로부터 벗어난다. 규범
기에는 타인의 영향을 강하게 받는다. 이 시기에는, "엄
마, 나 이 운동화 안 사주면 죽어버릴 거예요"라는 또래
의 말이나, 머리 스타일, 자전거, 테니스 레슨 등을 친구
와 똑같이 따라 하고 싶어한다. 구세대의 어른들은 도대
체 이해할 수 없다. 그들의 우상은 바로 거리를 쏘다니는
청소년, 최근의 젊은 인기 가수들, 10대를 위한 잡지 등이
다. 이 나이 또래의 집단 압력은 집단을 닮으려는 시도인
것 같다. 동료들이 담배 피우는 것을 멋있게 생각하는 어
린이는 담배를 피우며, 숙제와 시험에서 좋은 점수 받기
를 멋있는 일로 생각하면 열심히 공부한다. 각 집단은 그
나름의 훌륭한 일과 금기 사항이 있다. 소속을 강하게 원
하기 때문에 동료들 사이에서 받아들여지는 행동은 모두

따라한다.

성인기로 들어서면서, 그들은 또래 집단의 일원이 된 것이 싫어지고 외관 및 행동이 똑같은 것에 싫증을 느낀다. 또 자신의 특이한 점 및 남다른 점을 좋아하기 시작한다. 늘 동일성 대신 차이점을 공유하려는 욕구는 통합기에 접어들었음을 알려 준다. 이때에는 다양한 종류의 사물과 사람들을 자신의 삶의 일부로 만들고 싶어한다. 자기 자신의 독특함을 발견하고 그 독특함을 공유할 줄 아는 것이 중요하다. 그런 사람들은 자신의 개성을 분명히 하며, 창의성을 훈련하고 타인들과의 상호 관계를 즐기기 원한다. 이 시기에는 기쁨과 고통을 모두 공유한다. 세공사로서 또 수취자로서 지식을 습득한다. 풍요로운 환경이 계속되는 한 통합기에 남아 있기를 좋아한다.

그러나 사람들은 통합 환경이 더 이상 자신의 성장과 창의성을 뒷받침해 주지 못한다는 것을 발견하면, 떠날 필요성을 느낀다. 유토피아에 가까워 보이기 때문에 머무르려는 노력 또한 매우 강할 수가 있다. 떠날 것인가 머무를 것인가를 결정하는 데 상당한 고통이 수반된다. 그 특수한 환경이 한때 지녔던 흥분을 재창조하려 한다. 뭔가를 되풀이하는 것은 사실 규범기의 특징인데 한편, 이것이 무용함을 안다. 변형이란 한 인간의 생애에 극적인 변화를 만들려는 자발성 및 의지를 갖는 것을 의미한다. 또 변형은 계속되는 성장과 발달을 풍요롭게 하고 뒷받침해

줄 새로운 환경을 찾는 것을 필요로 한다. 변형은 전적으로 인생의 사이클을 다시 시작하는 위험을 감수하는 것이며, 정체성을 확립하고, 소속감과 일체감을 가지며 다시금 변형을 감수해야 할지도 모르는 위험까지도 포함한다.

인간의 전 생애에 변형 이론을 적용하는 일이 어려우므로 좀더 수월한 것 즉, 피아노 배우기를 통해 살펴보자.

형성기 : 건반, 음표를 익히고, 손가락의 협응을 배우고, 제어기능을 숙달한다

규범기 : 과거에 들은 적 있는 음악 소리를 만들려고 시도하고, 자신의 노래와 연주곡을 사람들에게 인정받고 싶어하며, 존경하는 피아니스트의 연주 방식을 모방한다.

통합기 : 모방한 음악을 자기 방식에 통합하는데 충분한 자신이 생기고, 작곡가를 평가하기 시작하고, 작곡가와 그의 음악 관계를 알게 된다.

변형기 : 음악을 작곡, 편곡하고, 다른 악기로 바꾸고, 새로운 성장 사이클을 시작한다.

당신 학급의 학생들은 당신이 창의적 행동을 불러일으키려는 활동을 할 때와 유사한 발달 단계를 경험할 것이다. 한 사람에 있어서 몇 가지 성장 사이클이 동시에 일어날 수 있음을 기억하는 것이 좋다. 학생들이 창의적 행동

영역에서 의존을 탈피하고 자주적이 되도록 도우려는 교사의 노력에 있어서, 동시에 일어나는 다른 성장 사이클 단계는 창의적 잠재력과 관계 있는 사이클을 방해하거나 보강시킬 수 있다. 역으로 창의성 사이클도 다른 사이클에 영향을 끼친다. 게다가 교사들이 잘 알다시피, 어떤 발달 단계는 동년배의 학생들 사이에서 상당히 다양하다. 교사들은 개인차에 맞추어 학생들이 다음 단계로 올라갈 준비가 되어 있는지 알아챈다.

창의적 행동을 불러일으키는 훈련의 중요성은 학생의 발달 단계와 다음 단계를 위한 준비도를 파악하는 일이다. 변형 이론에서 말하는 성장 사이클은 '정상' 인간은 어떤 특정 단계에 필요한 만큼 머문다는 것을 전제로 한다. 사람은 현재의 단계가 불필요해질 때 다음 단계로 넘어간다. 말하자면 어떤 환경이 더 이상 도움이 되지 않을 때 풍요로운 새 환경을 찾는다는 것이다. 이것은 마치 화초가 너무 자라서 큰 화분으로 옮기는 것과 같다. 학생들의 창의적 잠재력을 계발 시켜줄 때, 학생이 현재 어느 발달 단계에 있는지, 언제 다음 단계를 위한 준비가 되는지를 판단하는 것은 매우 유용한 교육 기술이다. 변형 이론 모델은 그 과정을 수월하게 해 주는 기본 틀이다. 학생의 행동을 관찰함으로써 각 계발 단계의 특성이 드러난다. 다른 형태의 평가서와 마찬가지로 학생들의 활동, 타인들과의 관계, 태도 등 관찰된 행동들을 평가서에 기록할 수

있다. 관찰 평가서에는 개인별 발달을 다음과 같은 양식
으로 기록하면 좋다.

창의적 행동 관찰				
학생성명 _____				
날 짜	형성적 행동	규범적 행동	통합적 행동	변형적 행동

 이 장의 앞부분에서 제시된 각 발달 단계의 특징을 이
용하여 해당란에 기입을 하고 날짜를 쓴다. 왼쪽 열의 날
짜들과 관찰 사항들을 보면서 진보화 후퇴를 도표화하는
일은 간단하다.
 창의적 잠재력을 탐구하는 것은 정도는 다르지만 상당
한 개인적 위험을 수반하므로, 편안하고 안정된 단계를
떠나기 싫어하는 것은 다른 형태에서보다 이 성장 및 발
전 형태에서 더 잘 나타난다. 예를 들면 어떤 학생은 집단
브레인스토밍에 관여하는 것을 매우 편안하게 느끼지만

자신이 내놓은 아이디어가 받아들여지지 않을까 두려워
한다. 이 학생은 2단계 활동에서 편안해 하며, 3단계에 접
어들기 싫어하는 편이다. 교사가 너무 많이 참견하면 두
려움이 생겨 해가 될지도 모른다. 그러나 교사가 신중하
게 계획을 세워 학생의 개인 활동과 집단 활동을 교대로
시켜 주면 자신의 능력을 확신하는 데 도움이 된다.

　가장 어려운 전환 중 하나가 2단계와 3단계 사이이다.
문명의 발달이 여러 사람들의 특이한 기여에 의해 이뤄진
다는 사실과, 재능 계발 및 공유의 중요성을 설명하면서
다양화를 끊임없이 강조할 필요가 있다. 특히 동료의 영
향을 아주 많이 받는 단계인 형성기에 놓인 학생들 간에
는, 창의적 행동에 대한 개인적 기여도를 높이는 것이 중
요하다.

　다른 견지에서, 남다름을 보여 주고 싶지만 또래 사회
분위기가 그런 행동을 허용하지 않는 경우를 생각해 보
자. 교사가 개성을 받아들여 주고 노력을 칭찬해 주면 학
생은 자신의 특이함에 용기를 얻는다. 이 미묘한 조화에
는 교사의 감수성이 필수적이다.

　비록 교사가 창의적 행동을 유발하는 환경을 조성하고,
다양성을 고무시키고, 개인 및 집단 활동의 균형을 맞추
는 방법을 개발하더라도, 학생은 한참 동안 1단계 또는 2
단계 행동을 계속할 것이다. 그렇지만 걱정할 필요는 없
다. 필요한 상황이 되면 다음 단계로 넘어가기 때문이다.

그대로 있어서는 더 이상 아무것도 성취할 수 없을 듯하면 언제든지 전진한다. 한편, 위험을 무릅쓰고 다음 단계로 옮겨갈 가능성도 높다. 학생들은 실패할 경우 은밀히 처리하기도 한다. 실패에 대해서는 몰라도 좋지만 성공한 것에 대해서는 반드시 주의를 기울여 주어야 한다. 개인 면담 시간을 가지라. 면담은 부담을 주는 시간이 되어서는 안 되며 학생의 활동, 감정, 관심사 등에 대해 조용히 얘기를 나눠야 한다. 절대로 학생으로 하여금 그 면담을 평가를 위한 것으로 느끼게 해서는 안 된다. 평가를 완전히 배제하라는 뜻이 아니라 평가만을 위한 시간이 되지 않도록 하라는 것이다.

면담 전에 교사는 학생의 그간 활동에 대해 잘 알아두어야 한다. "그동안 네가 해 낸 작품이 어떤 것이지?"라고 묻지 않아야 면담은 훨씬 좋은 결과를 가져다 준다. 교사가 진정으로 관심 있어 하는 것이 학생 자체에 대해서가 아니라 그저 일상적인 일이라는 느낌을 주면 곤란하기 때문이다. 면담이 틀에 박힌 것이어도 안 되고 그런 느낌을 주어서도 안 된다. 이야기 내용이 학생마다 달라야 한다. 학생이 어느 발달 단계에 있는지를 잘 파악하는 것이 교사가 면담을 어떻게 이끌어가느냐에 있어서 핵심이 된다. 예를 들어, 아직 형성기에 있는 학생이라면 환경에 의해 통제 받을 필요가 있을 것이다. 어떤 학생의 개인적 안전이 자신의 상황 통제를 필요로 한다면 현재의 위치에 맞

추어 적당하게 이 어른으로부터의 통제를 원할 것이다. 당신이 교사로서 그들에게 필요한 것이 무엇인지를 알아내는 것이라면, 그것을 해 주라. "다음엔 무엇을 해야 하나요?"라는 물음에 대답해 주라. 교사가 상황을 얼마나 잘 파악하고 있는가 하는 것과 학생의 자질에 따라서 '홀로서기'를 시도해 봄직하지만, 강제성을 띠지는 말아야 된다. 학생들에 대해 미리 잘 파악해 두고 면담시 이야기를 잘 들음으로써 교사가 자신이 할 일이 무엇인지를 알게 된다.

창의적 행동의 단계 발달을 파악하기 위해서 경아라는 가상적 어린이를 예로 들어보자. 경이는 총명하며 성격이 좋고 예의 바르며 인기도 좋다. 경아는 자신의 창의력 계발에 많은 기대를 갖고 있다.

형성기 : 교사는 흥미 있는 과제를 제시하는데, 경아는 판단 보류에 어려움이 있다. 경아는 항상 성과가 좋았기 때문에 자신의 노력을 스스로 평가하곤 했다. 경아는 창의적 사고가 문제 접근방법을 다양하게 해 준다는 것을 알지만, '정답'을 빨리 알고 싶어하는 성격으로서, '충분한 시간'을 갖는 것이 곤욕이다. 그러나 결국 창의력을 향상시키기로 결심했다.

규범기 : 경아는 항상 학업면에서나 대인관계에 있어서

나 또래들의 모범이 되며, 다른 사람들의 기대를 충족시켜 주려는 큰 책임감을 느낀다. 이 창의력 수업 시간에 그다지 총명하지도 않은 다른 학생들이 판단의 보류와 같은 기술을 터득하여 급우들에게 영향을 끼치기 시작하는 것을 바라보고 있어야 하는 일이 경아에게는 쉽지 않다. 질투하는 것은 아니지만 마음이 불안하다. 친구들은 경아에게 여유를 가질 것과 브레인스토밍 시간에 좀 열심히 임할 것을 권했다. 마침내 그렇게 할 수 있게 되어 친구들의 성원을 받는다.

통합기 : 경아는 자신의 활동 결과물을 다른 사람들과 공유함으로써 많은 기쁨을 경험하며, 천차만별인 다른 사람들의 작품도 인정한다. 비로소 처음으로 자유시를 써서 학급 친구들 앞에서 발표한다. 새 자동차를 디자인하는 친구, 시나리오를 쓰는 친구 그리고 기계 부품을 발명한 친구로부터 많은 것을 배우게 된다.

변형기 : 새로운 모든 접촉 및 예전과는 다른 급우들과의 교제방법을 통해 경아는 그녀가 앞으로 하고 싶은 다른 일들에 대해 계속하여 생각한다. 아직은 이르지만 다양한 경로가 열려 있다. '좀 실수하면 어때'라고 혼잣말을 하는

가 하면, 여러 가지 새로운 것들을 시도하기도
한다.

　경아는 분명히 자타의 기대에 의해 만들어진 역할에
매우 엄격한 학생이었다. 교사는 경아의 행동으로부터 경
아의 창의력을 계발시킬 수 있는 실마리를 얻는다. 그래
서 발달 단계를 설명함으로써 경아가 자신의 발달을 고찰
하도록 도울 수가 있다. 각 단계가 정상적이며 필수적이
라는 것을 학생이 알게 되면 다음 성장 사이클을 훨씬 수
월하게 지내게 된다. 성장 및 발달 방식을 스스로가 이해
하면 그 과정을 배우는 것이 더 용이해진다. 자신에게 일
어나고 있는 일들에 관해 잘 몰라서 성장에 어려움을 겪
는 사람들이 많다. 이러한 무지는 성장과 발전에 저해가
되는 자신감 상실 및 불안을 유발하기 때문이다.
　학생들은 어떤 주어진 단계에서 다음 단계로 올라가기
전에 성장을 완료해야 할 필요성을 이해하는 한 발단 단
계에 관한 자신의 지식을 기준으로 사용할 수 있다. 다음
단계로 넘어가는 것을 깨닫는 데 중요시되어 온 기존의
주요방법은 전혀 부적합하다. 학생들이 그런 식으로 경쟁
해서는 목표 달성이 안 된다. "저는 아직 못해요"라든가
"이것을 좀더 하고 싶어요"라고 학생들이 말하노독 허용
되는 바람직한 분위기 조성을 위해 교사는 노력해야 한
다. 물론 연령 수준, 특수 상황 등을 고려해야 하며, 오직

교사인 당신만이 학생에 관해 적절한 판단을 할 수 있다.

개인 프로젝트

학생들이 완성해 낼 개인 프로젝트의 수는 창의적 활동에 할애되는 시간에 의해 결정된다. 그러나 개인 활동은 수업 외 시간에도 할 수가 있다. 프로젝트의 난이도는 시간 및 연령 수준에 의해 결정된다. 그럼에도 불구하고, 특히 창의력 계발을 위한 시간에는 제법 복잡한 문제를 다룰 수 있는 학생들의 능력을 과소 평가하지 않도록 하라. 이 학습 영역에 접하게 됨으로써 그들의 능력에 자신감을 가지게 되기 때문에 학생들은 성인들의 눈에는 상당히 복잡해 보이는 문제조차도 겁 없이 달라붙는 경향이 있다.

여기에 두 가지 프로젝트를 언급하겠다. 하나는 '목적이 있으면서도 재미있는 프로젝트'로서 전체 학생을 대상으로 하는 과제인데, 이것의 목표 중 한 가지는 개인을 고무하기 위한 것이다. 또 하나는 '주요 개인 프로젝트'로 개인이 문제를 선택하되, 문제해결 과정을 따르는 것이다.

목적이 있으면서도 재미있는 프로젝트

이것은 상상력을 자극하고, 정신적인 노력뿐 아니라 수 작업도 많이 필요하며 더욱 신속하고 구체적인 결과를 주 는 활동을 제공하기 위해 고안된 프로젝트이다.

토템폴(Totem Pole)

토템폴은 자신을 표현하는 전통적인 방법이다. 최종 산 물은 개인에게 의미를 가진다. 토템폴은 만들거나 그리거 나 글로 설명한다. 몇몇 학생들은 토템폴로 과거의 자신 을 표현하기도 하지만 현재의 생활의 중요한 부분 또는 현재의 감정에 국한된 표현을 한다.

결과물은 현재의 관심사나 감정을 표현하는 것이 보통 이다. 카드놀이에 심취한 어느 중학생이 칠판을 바닥에 놓고 그 위에 카드 한패를 늘어 놓은 다음 여러 가지 포 카패를 설명했다. 그는 그것을 '포카의 분류'라고 불렀다. 음악 선생님과 사이가 나쁜 어떤 학생은 그 선생님의 모 습을 여러 장 그려 3피트 높이로 겹쳐 쌓은 후 그것을 '자아'라고 했다. 어느 소녀는 완숙 달걀을 이용해 역사 상 용맹스럽고 강인한 여성들을 묘사했다.

토템폴은 교사에게 매우 귀중한 활동이다. 토템폴을 통 해 학생들이 자신을 마음껏 표현하며, 자신을 표출하는 결과물들은 교사에게 많은 정보를 제공해 준다. 그래서

이 활동은 재미로 하는 것이면서도 쌍방간의 목적을 달성
케 해 준다. 활동이 끝나면 작품 발표를 통해 서로의 생각
을 공유한다.

축하 카드 만들기(Original Greeting Cards)

분위기를 고조시킬 필요가 있을 때 수업에서 실시할
수 있는 활동이다. 결과물은 기존의 축하가 필요한 일을
위한 카드 또는 학생들이 축하할 일을 가상으로 꾸며서
만드는 카드가 된다. 개인 또는 단체를 대상으로 하되 인
사말이 기분 나쁘지 않은 것으로 정하면 된다. 교사는 종
이, 크레용, 가위만 나눠 주고 학생들은 그밖에 자신이 가
지고 있는 다른 물건들을 이용해도 좋다. 다 끝나면 다른
사람에게 보여 주면서 이야기를 나눈다.

재료 붙이기 프로젝트(Ingredients Projects)

이것은 준비물 때문에 집에서 하기에 가장 효율적인
활동이다. 두 가지를 예로 들겠다. 학생들에게 다섯 가지
물건을 골라 다른 사람이 생각지 못할 방법으로 그것들을
모아 붙여 작품을 만들도록 한다. 예를 들면 신문, 양초,
핀, 테이프 및 고무줄을 이용할 수 있다. 반드시 휘기 쉬
운 물건을 포함시키되, 학생들에게는 그 물건이 휘기 쉽
다는 말을 하지 않아야 한다. 핀에는 침핀, 머리핀, 안전
핀, 장식핀 등 여러 가지가 있다. 열을 가하면 양초 역시

휠 수 있으며 어떤 크기나 모양으로든 바뀌어진다. 테이프, 고무줄, 풀, 클립, 껌 등 서로 붙이거나 연결할 수 있는 물건도 꼭 포함시켜야 한다.

대부분의 학생들은 자신의 작품에 대단한 자부심을 갖고 있으며, 다른 사람들에게 보여 주고 싶은 욕구가 크다. 우호적으로 경쟁하고 서로의 작품을 감상하는 분위기가 조성된다. 토템폴과 마찬가지로 이 활동 역시 전시의 효과가 크다.

재료 붙이기 프로젝트 중 다른 한 가지는 재료 선택이 더 자유로우며 더 많은 상상력이 요구된다. 두꺼운 종이, 줄, 금속, 녹색 물건 및 '임의의' 물건 등을 이용한다. 완성된 작품이 어떤 특별한 의미를 갖는가를 글로 쓰기나 말하게 함으로써 효과를 높일 수도 있다.

재료 붙이기 프로젝트는 재미있으면서도 창의적 행동, 유창성, 융통성, 독창성, 정교성 및 조합능력을 길러 준다. 이런 능력들 외에 문제해결 과정도 이용한다. 만약 문제해결 과정의 적용이 가능한 경우라면 학생들은 이미 배운 기법을 어떻게 사용했는지 나중에 분석하거나, 문제해결 기법을 통해 마지막 결과가 나오게 된 경로를 분석할 수도 있다. 따라서 학생들이 그것을 어떻게 적용하는지 설명할 수 있는 좋은 기회가 된다.

발 명

새로운 발명을 하거나 기존의 것을 개선하는 활동으로서, 앞서 언급된 제반 능력들과 아울러 부족함과 문제점을 깨닫는 능력을 향상시켜 준다. 완성품을 실제로 만들기 어려운 경우 토템폴에서처럼 그림으로만 나타내도 충분하다. 그러나 흔히 학생들은 모델을 만든다.

기계 장치를 만드는 학생들이 있는가 하면 다음과 같은 것들을 만들기 좋아하는 학생들도 있다.

◆ 시각적 예술품의 특수한 혼합 매체, 예를 들면 유화와 모래를 효과적으로 이용한 작품
◆ 시인을 위한 단어 사전, 예를 들면 여러 가지 동사에 대한 의성어 목록
◆ 집안 일을 공정하게 분배할 형태학적인 차트
◆ 악기들을 특이하게 조합하여 연주하는 음악
◆ 물리 법칙을 이용한 예술 작품, 가령 다양한 색상의 연필들을 매단 흔들리는 추
◆ 독창적인 피아노 교본

사업가적인 기질이 있는 어느 학생은 포장하는 기계를 발명했다. 또 어떤 학생은 팔면체 주사위를 이용하는 새로운 보드 게임을 만들어 냈다. 또 야회복, 운동복, 작업복, 전천후 의복으로 입을 수 있는 여행복을 고안하여 만들었다. 이 학생들은 모두 특허권을 신청했다.

　물론 교사는 앞서 말한, 목적이 있으면서도 재미있는 프로젝트 중 어느 것이 얼마만큼 학생들에게 적합한지 판단하는 능력을 갖춰야 한다. 그 프로젝트들은 모두 특수한 상황에 맞게 수정 가능하며 더 적합한 프로젝트를 발명하는 것도 가능하다. 학생 개인에게 있어서나 분위기 조성에 있어서 이들 프로젝트는 큰 가치를 지니며, 이런 활동들을 통하여 학생들의 창의성이 크게 신장되고, 긍정적인 자의식이 뚜렷해진다.

주요 개인 프로젝트

　학생들은 자신의 흥미에 따라 주요 개인 프로젝트의 주제를 정한다. 교사는 주제 선정에 관해 신중히 지도해 주되, 결코 명령을 해서는 안 된다. 진정으로 학생에게 가치있고 흥미있는 프로젝트라야 한다는 점이 중요하다. 성취한 결과뿐 아니라 무엇을 하기로 선택하느냐도 학생들에게는 의미 있는 경험이 된다. 그러므로 상당한 시간과 노력을 들여, 학생들이 주제를 선정할 수 있게끔 도와야 한다. 너무 광범위하거나 너무 피상적인 주제는 좌절 또는 권태를 초래할 우려가 있다. 학생들에게 흥미와 도전감을 줄 수 있는 주제라야 한다.

　자신이 개인적 프로젝트로서 추구하고 싶은 것이 무엇

인지 확실하게 알든 전혀 모르든 간에, 임시 목표를 설정하거나 몇 가지 주도 면밀한 질문에 대답해 봄으로써 자신의 목표와 가치에 대한 통찰을 더욱 잘 할 수 있게 된다. 1차 개인 프로젝트에 있어서는, 단지 일정 시간 내에 자신이 달성하고 싶은 모표 10가지씩을 설정해 보도록 하는 것으로 족하다. 교사와의 면담 중 또는 그전에 그 목표들의 순서를 정하게 되면 선택에 도움이 된다. 1차 프로젝트는 2차 프로젝트만큼 그 주제의 깊이가 없다.

그러나 2차 주요 프로젝트에 있어서는 좀더 깊이를 기대해야 한다. 이 즈음에 학생들은 과정에 숙달되어 있고 좀더 어려운 것에 도전하는 데 충분한 자신감을 가지고 있다. 자신의 성장 및 발달에 대한 자각이 계속 강조되어 왔다. 자신에 대한 질문에 글로 답하게 하는 방법이 적합한데, 다른 누구에게 보이기 위한 것이 아니라 바로 자기 자신이 보기 위해서 적는 것임을 확신시켜 주라. Sidney J. Parnes가 이 목적에 잘 맞는 질문들을 발표했다. 자신이 추구하고자 하는 바가 무엇인지를 모르는 학생들은 구체적인 사고를 하고, 잘 아는 학생들은 깊이 사고하면 유리하다. Parnes는 자신이 발표한 질문들을 '혼란찾기' 라고 부른다. 이 질문들은 문제점, 부족한 점, 바라는 것 그리고 문제해결의 기틀을 마련해 준다.

1. 당신이 하고 싶고, 가지고 싶고, 성취하고 싶은 것은?

성을내것의창 67 으로

2. 당신은 어떤 일이 일어나기 바라는가?

3. 당신은 무엇이 개선되기 바라는가?

4. 시간과 돈이 더 많다면 무엇을 하고 싶은가?

5. 인생에서 어떤 것을 더 취하고 싶은가?

6. 당신이 이루지 못한 야망은?

7. 최근 당신을 화나게 한 것은?

8. 무엇이 당신을 긴장, 초조하게 만드는가?

9. 당신은 무엇을 불평해 왔는가?

10. 당신을 오해했던 점은?

11. 좀더 사이좋게 지내고 싶은 사람은?

12. 다른 사람들의 태도 중 악화된다고 생각되는 것은?

13. 나쁜 사람들이 무엇을 하기 바라는가?

14. 어떤 변화를 만들고 싶은가?

15. 너무 지체되는 것은?

16. 낭비되고 있는 것은?

17. 너무 복잡한 것은?

18. 어떤 것이 장애가 되는가?

19. 당신은 어느 방면에 무능한가?

20. 당신은 무엇에 싫증이 났는가?

21. 어떤 조직을 개선하고 싶은가?

　　물론 교육 상황에 따라 '혼란찾기'는 수정하여 적용해야 한다. 위의 질문들을 모두 사용하는 경우, 학생들에게

이 중 열 가지를 골라서 답하게 하라. 또 각각의 질문에 대해 1분 내에 답하도록 하는 방법도 있다. 어떤 방법으로 결정하든 프로젝트 주제 선택에 도움이 된다.

일단 주제가 선정되고 나면, 학생들은 5장에 자세히 설명될 문제해결 과정을 이용할 수 있다. 각 학생이 어떤 과정을 밟느냐는 부족점이 무엇인가에 의해 결정된다. 흡족한 목표를 세웠거나 해결할 문제를 명확히 밝힌 학생들은 올바르게 전진할 수 있다. 방향을 잘 잡지 못한 학생들은 자신의 관심사를 명료히 하기 위해 의식 흐름방법(the Stream-of-Consciousness method)을 이용하면 좋다. 이런 유형의 학생들은 혼자 해 나갈 수 있으려면 교사의 지도와 시간을 더 많이 필요로 한다.

프로젝트가 유형(有形)의 완성품을 요구하든 않든 간에, 학생들이 밟은 과정에 대한 서면 설명이 교사뿐 아니라 학생 자신을 위해서도 필요하다.

처음으로 주요 개인 프로젝트를 수행하는 경우, 좌절감을 느낄 때도 있고 고무될 때도 있겠으나 전체 학습 과정에 주는 이점은 상당하다.

제
5
장

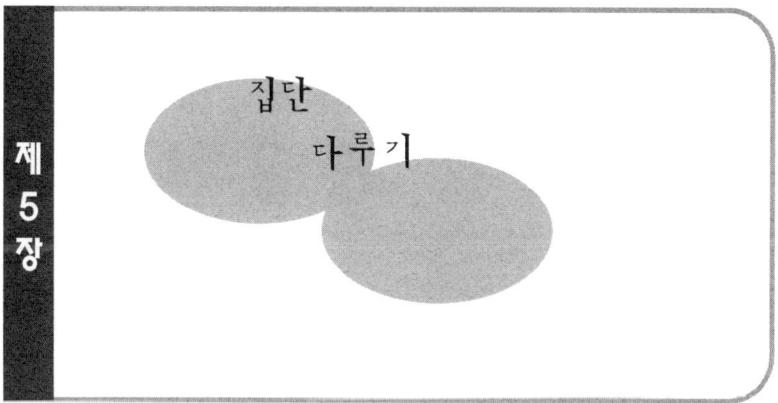

집단
다루기

이 난은 당신의 창의성 모음을 위한 터입니다.

집단에 대하여

창조적 행위를 유발하는 집단 행동에 대한 논의는 집단이 현재 조망되는 다양한 방법으로 조사될 필요가 있다. 집단의 개념은 최근 치료, 상담, 교육 그리고 인류의 잠재력 계발 운동을 대중화하는 데 널리 적용되어 왔다.

집단을 이루는 것은 인간의 본능이다. 공통점 및 차이점을 공유하기 위해, 서로 돕기 위해, 정해진 과제 수행을 위해, 또는 단순히 사교를 목적으로 집단을 만든다. 위원회 회원으로 일하고, 클럽 활동에 참가하며, 동네 야유회에 함께 가기도 한다. 집단 형성의 목적이 얼마나 진지한가에 관계 없이 공통점 및 차이점을 공유하게 되면 서로 도움을 얻는다.

1960년대 말과 1970년대 초기에 '집단 형성'이 성행했고, 심리치료가 대단한 인기를 끌었다. 개인적 자각 및 집단 경험을 통한 성취를 위해 새로운 프로그램들이 수십 개 씩이나 출현했다. 다른 대중 운동들처럼 집단화의 개념을 제안하는 사람들 중에는 아주 위태로울 정도로 참가자들의 정서생활을 희롱하는 부당 이득자들도 있었다.

그러나 집단에 대한 열렬한 관심은 중요한 대인 관계 능력 및 개념을 교육하는 프로그램의 부활과 개선을 촉구했다. 적극적인 청취, 피드백, 감정 이입적 반응, 자기 확인, 그리고 진지한 도움에 주목함으로써 참가자들의 심리

적 건강을 증진하고 치료효과를 주었다.

이 기술이나 개념들은 진정한 집단이 지속하려고 노력하는 포괄적 신뢰 개념에 기여하는 요소들이다. 집단 내에 충분한 신뢰가 존재한다면 개인은 솔직하고 모험에 도전하며 새로운 것을 시도하고, 아이디어나 행동에 있어서 좀더 많은 자유를 경험한다. 그 결과 한층 더 긍정적인 자아 개념이 발달되고 서로간에 신뢰가 커진다.

또한 이 지지적인 집단은 서로간에 허심탄회한 분위기를 조성한다. 집단 내에서 자신이 받아들여진다고 느끼면, 다른 구성원들의 생각도 더 받아들이게 된다. '집단 사고'는 유쾌한 경험을 하게 해 주는 힘을 가진다. 예를 들면 브레인스토밍의 판단 보류 원칙을 실시하는 경우, 집단 구성원들은 자유 의사를 공유하고 타인의 사고를 자극시킨다. 각 구성원은 집단의 생산성에 책임감을 느낀다. 추진력이 있을 때 집단의 생산성은 증가되고, 구성원들은 더욱 생산적이고자 하는 의욕을 스스로 느낀다. 이것은 구성원 상호간에 허심탄회하며, 타인의 공로를 인정하기 때문이다.

여러 형태의 집단들에 있어서 창의적 행동 유발을 목적으로 하는 수업이 효과적으로 진행되는 것은 상호 협조와 격려를 바탕으로 하기 때문이다. 가능한 형태의 집단 및 그들의 기능에 대해 언급하기 전에 개인에 대해서, 또 집단에 개인이 어떻게 기여하는가에 대해서 이야기하는

것이 중요하다. 우선 창의적 능력을 정도와 종류의 문제로, 창의적 생산성을 초점의 문제로 생각하자. 물론 개인의 진정한 의미의 실현은 잠재력이나 전도유망함과는 거리가 멀 수 있다. 이미 알고 있는 바와 같이, 한 가지 형태의 창의적 능력이 강해도 다른 형태에는 약할 수도 있다. 유창성은 높으면서 융통성이 전혀 없다든지, 결합 능력이 강해도 정교성이 없는 사람이 그 예이다. 이런 것을 보면, 창의력의 특성은 그 사람이 어떤 성과를 거둘 것인가를 말해 준다. 창의적 생산성의 또 한 면은 인간의 노력에 초점을 기울이는 것이다. 초점은 인생경험, 흥미, 학습, 목표 등에 의해 결정된다.

어떤 집단이든 그 속에는 다양한 능력들과 다양한 관심사가 존재한다. 겉으로는 서로 상충되어 보이는 것조차도 실제로는 그 집단이 성공적으로 기능을 발휘하는 밑거름이 될 수 있다. 집단이 지도자가 되는 것이다. 구성원들은 직접 경험하거나 본보기를 통해 자신이 부족한 점을 개선하는 법을 집단이라는 지도자로부터 배운다. 참 매혹적이라고 말할 수 있다. 평소에 나는 학생으로부터 "우리 집단이 무엇인가를 하고 있을 때 나는 아무개로부터 그것을 어떻게 하는지를 배웠지요"라고 말하는 것을 자주 듣는다.

초점의 견지에서 볼 때, 집단 구성원들은 서로의 도움을 받음으로써 관심 분야가 다양해지고 목표와 방향 선택

의 폭이 넓어진다. 이 모든 것은 창의적 행동을 증진시킨
다. 이 집단 경험을 통해 얻는 또 하나의 중요한 수확은
과정에 대한 다른 사람의 기여도를 상호 존중해 줌으로써
긍정적인 인간 관계를 발전시킨다는 점이다. 내가 최초에
가르쳤던 고등학교 창의력반의 두 학생을 예로 듦으로써
이 점을 설명코자 한다. 이들은 각각 다른 학급 학생으로
서 평범한 환경하에 있으며, 다른 어떠한 모임에도 함께
한 적이 없었다. 이들 중 남학생은 검은 잠바를 입고 오토
바이를 즐겨 타며, 여학생은 금발머리에 응원단원처럼 보
인다. 그들이 속한 특정 집단은 무작위로 선정되었다. 일
단 그 집단이 이루어져 기능을 하기 시작하자 소년 소녀
는 확실이 서로 서로 보완하게 되었다. 남학생은 독창적
사고에 탁월한 능력을 가졌지만 그 사고를 표현하는 능력
이 부족했다. 여학생은 독창적 사고 능력은 낮으나 남학
생의 아이디어를 정교화하여 발표했다(능력의 유형과 학
생의 성별 사이에는 아무런 관련이 없다). 능력과 성(性)
이 다른 이 두 사람은 매우 성과 높은 팀을 이루었고, 서
로에게 많은 가르침을 주었다. 이러한 보기는 우리 모두
에게 뭔가를 깨닫게 했다.

집단의 힘과 정체성에 대한 유의 사항

집단은 긍정적으로 혹은 부정적으로 강력한 힘이 된다. 긍정적인 힘을 지속시키고, 부정적 힘을 점검하고 예방하는데 교사가 중요한 역할을 한다. 모든 효율적 교육에서 그렇듯이 훌륭한 계획 그리고 학생들의 활동을 신중하게 지도하는 것은 집단 경험에 긍정적 결과를 가져다 준다.

교사는 초기에 학생들의 성장 및 발달을 촉진시키는 학급 분위기를 조성할 책임이 있다. 집단 경험은 개인의 발전을 후원하고, 공동 목표를 향해 함께 일하는 구성원들의 긍정적인 면을 보어 주는 한 그 가치가 있다. 창의적 행동을 유발할 목적으로 계획된 학급 상황 내에서 학생들은 물리적 지원을 받을 기회가 있어야 하고, 다른 사람들에게도 그러한 지원을 해 줄 능력을 갖춰야 한다. 마치 선수들이 서로를 격려하여 최선을 다하도록 하는 운동 경기 팀과 유사하다. 이런 공공연하고 지지적인 행동으로부터 개인은 엄청나게 많은 양식을 얻고 자기 기대 이상의 성취를 할 수 있다. 이미 알고 있는 바와 같이, 성취는 대단한 정신력과 자신감을 가져다 준다.

집단에 소속되어 그 속에서 인정받는 것이야 말로 정상적인 인간의 욕구이다. 실로 많은 사람들에 있어서, 긍정적인 집단 경험은 자기 중요감을 증진시켜 주는 활력소이다. 개인이 집단 속에서만 자기 가치를 끌어 낼 위험성

도 있는데, 이 경우 집단과의 관계는 의존의 관계이며 그 사람은 혼자서는 해 낼 수 없다는 무능력함을 느끼게 될 것이다. 창의력 수업을 계획할 때 교사가 신중히 고려해야 할 점은 개인 활동과 공동 활동을 교대로 실시하게끔 만들어야 한다는 것이다. 1장에서 창의성이 높은 사람의 행동 양식을 설명하는 그림을 소개했었다.

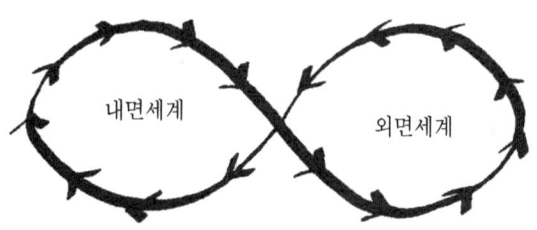

창의성이 높은 사람들은 자신의 외면 세계에서 정보를 구하면서도 자신을 정보의 출처로 생각한다. 이러한 개념을 조성할 수 있도록 활동을 계획하는 것이 중요하다. 교사는 개인 활동과 공동 활동 간의 균형이 항상 유지되도록 하는 방법을 알고 있어야 한다. 수업 중에 교사는 독립적인 작업을 하는데 어려움을 가지는 학생에게 지속적으로 주의를 기울일 필요가 있다. 왜냐하면 집단 정체성에 대한 필요가 야기되었기 때문이다. 집단에 대한 학생의

심리적 의존을 예방하는 것은 교사에게 어려운 일이면서도 필수 사항이다.

이와 같은 맥락에서, 학급에서 집단의 구성은 그 학급이 존속하는 동안 그대로만 두지 말고 필요에 따라 변경해야 한다. 학생들은 여러 집단 속에서 활동함으로써 폭넓은 경험과 인간 관계를 가져 보는 것이 바람직하다.

집단 속에서 학생들이 활동하도록 준비시키는 것으로서 자기 인식 훈련이라는 프로그램이 있다. 이 훈련은 단순하지만 다른 사람들과의 관계에 대한 통찰력을 기르는 데 도움을 준다. 예를 들면 다음 세 가지 훈련은 적극적·소극적 행동 양식을 결정하는 데 유용하다. 세 가지를 모두 마칠 때까지는 일어난 일들을 묻는 과정에 들어가지 말라.

파도 만들기

원형으로 둘러세운다. 서로 손을 잡고 자신들이 바다라고 생각하게 한다. 그런 다음 "파도를 만들라"고 한다.

자 원 자

학생들을 모두 앉혀 놓고, 4, 5명의 자원자가 필요하다고 말해 준다. 자원자들에게 앞으로 나오거나 한가운데에 서도록 한다. 그런 다음, 지금 당장 필요하지는 않으니 제자리에 돌아가라고 한다.

선택자 · 피선택자

두 명씩 짝을 짓되, 허심탄회하게 얘기를 나눌 수 있다고 확신하는 사람을 짝으로 선택하라고 말한다(자유롭게 짝을 찾아다니도록 하기 위해 일어선 채 시작한다). 짝을 골랐으면 모두 앉도록 한다.

위 세 가지가 끝나면 과정을 시작할 수 있다. 심리학 교육에서 이 활동을 정서적 경험의 인지과정이라고 정의한다. 여기에 제안된 과정은 가능한 여러 형태들 중 단 하나일 뿐이다.

위 세 가지를 실시하는 목적은 학생들로 하여금 적극적·소극적 행동 양식을 결정하는 데 도움을 주는 것임을 기억하라. 행동 양식을 확실히 한 후, 궁극적으로 심리적 교육을 프로그램화하는 데 있어서 학생은 어느 양식이 유익한가 또는 해로운가를 결정한다. 여기서 우리는 집단 경험 이전에 어느 정도의 자기 인식을 유발하기 위해 간단한 훈련을 가지고 행동 양식에 관해 이야기하겠다.

전술한 활동에 대해 제안된 과정은 학생들에게 자신에 관한 몇 가지 질문을 하는 것이다. 각각의 질문에 대해 생각해 보되 반드시 대답해야 되는 것은 아니라고 말해 준다. 자신의 반응에 대해 충분히 생각할 여유를 주어야 한다. 아동이 어린 경우에는 훈련을 재검토한 후 사실에 관한 내용을 물어볼 필요가 있다. 다시 말해서 초기 성장 및

발달 단계에서의 이해의 수준은 일어난 사실을 아는 정도에 머물 뿐 행동 양식에 관해 어떤 결론을 유추해 내기 어려울 것이다. 결론 유추에 관여하거나 강요하지 말라. 교사가 결과로서 얻은 학생에 대한 정보는 집단을 만들고 지도하는 데 도움이 된다. 앞에서 실시한 세 가지에 관해 물을 수 있는 질문들은 아래와 같다.

1. "파도를 만들라"는 이야기를 듣고 어떤 일이 일어났는가?
2. 즉시 양팔을 움직였는가?
3. 여러분이 옆 사람들의 팔을 움직이기 전에 그들이 여러분의 양팔을 움직였는가?
4. 자신이 제일 먼저 시작한 것이 기뻤는가, 아니면 다른 사람이 먼저 시작하기를 바라는가?
5. 교사가 자원자를 찾을 때 자원하였는가, 하지 않았는가?
6. 교사가 자원자를 찾을 때 무슨 생각이 들었는가?
7. 무엇 때문에 자원자가 필요한지 말하지 않은 것이 자원할 것인가의 결정에 영향을 주었는가?
8. 보통 때 자원을 하는가 하지 않는가?
9. 짝을 지으라고 했을 때 어떻게 했는가?
10. 얘기하기 편한 느낌이 드는 상대를 생각했는가?
11. 그 사람에게 다가갔는가?

12. 즉시 누군가가 여러분을 선택했는가?

13. 여러분이 누군가를 즉시 선택했는가, 아니면 선택되기를 기다렸는가?

14. 짝을 지으라는 지시가 있을 때 보통 먼저 누군가를 선택하는가 아니면 선택될 때까지 기다리는가?

15. 이 세 가지 활동을 하면서 자신에 관해 알게 된 것이 있는가?

이 활동들은 어떻게 실시할 것인가 혹은 모두 다 실시할 것인가를 결정할 때 분명히 학생들의 성숙도를 고려해야 한다. 그러나 이 활동이나 이와 유사한 활동들은 효과적인 집단 구성과 관련하여 교사에게 학생 개인의 행동 및 욕구에 관한 통찰력을 제공해 준다. 중요한 의문점은 집단 활동이 개인의 주체 의식을 향상시키는가 저해시키는가 하는 것이다. 이것은 집단이 기능을 발휘하기 시작할 때 교사가 주의해야 할 사항이다. 교사로서 우리는 또래로부터 인정받는 것이 자연스런 성장 및 발달 단계의 일부임을 알고 있으며, 적당한 정도로 집단에 소속되려고 하기를 바란다. 타인에 의한 영향이 극에 달했을 때에 비로소 교사가 조치를 취해야 한다.

역할극 훈련은 구성원들이 행하는 역할에 따라 집단이 얼마나 효과적으로 기능을 다하는가를 학생들로 하여금 알 수 있도록 해 준다.

역할극 훈련

　적절한 토의 주제를 선택한다. 학생들은 카드를 한 장씩 가지고, 아무에게도 내용을 보여 주지 않는다. 토의에 참여하는 동안 카드에 있는 지시대로 한다. 카드에 적혀 있는 지시는 다음과 같다. 몇 가지 지시가 필요한가는 집단의 규모에 의해 결정되겠지만, 적은 수를 이용하려면 그 지시를 수행할 사람들을 정해 놓는다. 이 지시들을 학생들의 연령 수준에 따라 조정한다.

1. 질문자가 되라. 사람들이 말하는 모든 것에 도전하라. 그들이 말한 것을 입증해 보라고 요구하라.
2. 집단에서 한 사람을 가려 내어 토론에 절대로 참가하지 말도록 하라.
3. 따분한 듯 행동하라. 토의 내용 모두가 시간 낭비라고 생각하고 있음을 전원에게 알리라.
4. 주제를 바꾸는 사람이 되라. 계속해서 새로운 주제를 도입하라. 집단이 현재 토의하는 내용에 결코 즐거이 임하지 말라.
5. 만담가가 되라. 무엇이든 들으면 이야기가 생각난다. 그 내용을 이야기해 주라.
6. 무척 피곤한 모습을 보이라. 하품을 하라. 흥미를 느끼려고 애쓰지만 피곤할 뿐인 듯 행동하라. 마침

내 잠들어 버리라.

7. 무슨 일인지 도무지 이해가 안 되는 듯 행동하라. 잘 모르겠다고 말하면서 이것저것 물어 보라.

8. 끝나는 시간만을 기다리라. 지금 몇 시냐고 자주 물어보라. 이 시계 저 시계 자꾸 쳐다보라. 토의가 끝나기를 학수고대하는 듯한 태도를 취하라.

9. 감초가 되라. 사람들이 말할 때마다 참견하라.

10. 집단이 논쟁하는 것을 원하지 않는 사람이 되라. 평화와 기쁨만이 지속되도록 노력하라.

11. 무슨 말에든 찬성하라. 서로 반대 의견인 두 사람 모두의 말이 옳다고 하라.

12. 모든 논쟁에서 이기려고 마음먹으라. 논쟁을 벌여 자신 이외의 다른 사람은 모두 그르다는 것을 보여주라.

13. 모든 화제에 관해 전문가가 되라. 어떤 주제든 다른 사람들보다 많이 알고 있음을 보여주라.

14. 자연스럽게 행동하라.

토의에 소요되는 시간은 연령 수준 그리고 대부분의 역할이 분명해지는 데 얼마나 시간이 필요한가에 달려 있다. 휴식 시간에 전원이 자신의 카드를 다른 사람들에게 읽어 주도록 한다. 이 활동은 확실히 과장된 것이다. 차후의 활동 과정은 집단의 진행을 방해하는 다양한 개별적인

행동에 초점을 맞추어야 한다. 보통 이러한 활동은 흥미로울뿐만 아니라 개인의 행동이 집단에 어떠한 영향을 미치는지 깨닫게 해 준다.

기능 집단의 형태

저자가 수업 시간에 발견한 효과적 기능 집단을 소개하고자 한다.

아이디어를 통합하는 집단

각자 개인 프로젝트를 수행하는 중 아이디어 통합이 필요한 단계에 있을 때 그 프로젝트의 특정한 면에 대해 집단 브레인스토밍할 것을 요청한다. 또 6명 내지 8명의 동질 또는 이질적 집단 형성을 요청할 수도 있다. 이질 집단은 개인 프로젝트의 초점이 별로 관계 없는 학생들로 구성된다. 이러한 아이디어를 통합하는 집단의 장점은 구성원들이 가질 수 있는 관계의 다양성이다. 한편 동질 집단은 개인 프로젝트의 핵심간에 어느 정도 관련이 있는 학생들로 이뤄진다. 예를 들면 이 집단 구성원 모두가 문학에 관한 프로젝트를 수행하고 있는 경우이다. 표현방법은 다를지라도 기본 작업의 이해를 같이한다. 가령 시인이 극작가의 작업을 이해하고 있는 것 등이다.

집단 프로젝트

집단 프로젝트는 학생들이 공동 목표를 향해 함께 일할 기회를 제공한다. 상호 노력은 교류할 수 있는 좋은 활동이다. 집단 활동과 개인 활동을 동시에 실시하면 상호 자극 및 협력이 된다.

학생들이 집단 프로젝트가 될 만한 주제를 제안하여 선택하게 하라. 집단 규모는 3명 내지 8명으로 하거나 전원이 주요 주제를 선택하고 소집단들이 부분별로 그 프로젝트를 처리할 수도 있다. 가능하면 프로젝트를 수행하는 데 진정으로 흥미를 가진 학생들로 구성하라.

프로젝트를 완료하는 데 할당되는 시간은 내용의 깊이, 학생들의 집중 가능 시간, 교사가 서로 다른 학급 활동을 융합시키는 방법 등에 의해 결정된다. 활동이 고무적이도록 하기 위해 이런 형태의 학급 활동에 보조를 맞추는 것은 매우 중요하다.

집단은 개인간에 책임을 분담시키지만, 기본적으로는 전원이 모든 프로젝트 단계에 책임을 진다. 예를 들면 전원이 문제 진술을 듣지만 두 사람만이 기록을 한다. 과제의 할당에 공정성이 있는지를 알아보는 것은 교사의 할 일이다.

작업의 조직화는 창의적인 문제해결법에 따라서 할 수 있다. 절차는 아래와 같다.

1. 애매모호한 문제 찾기

2. 문제를 명쾌히 진술

3. 하위 문제를 결정

4. 실제 탐구 지도

5. 아이디어를 찾는 기술 사용

6. 평가 기준 선정

7. 평가

8. 실행

교사는 보고서, 체크리스트, 관찰 등 다양한 방법으로 각 집단의 진척 상황을 확인할 수 있다. 어떤 방법을 사용하든 중간 및 최종 평가를 해야 한다. 가능하면 교사는 지시자가 아니라 촉진자 역할을 해야 한다.

관심 분야를 중심으로 한 집단

특정 분야에 속하는 프로젝트를 수행 중인 학생들은 서로 돕기 위해 집단을 만든다. 몇 가지 분야를 예로 들면 다음과 같다.

1. 문학

2. 시각 예술

3. 사회 과학

4. 음악

5. 가사

6. 사무

7. 기계

8. 과학

9. 레크리에이션

예를 들면 레크리에이션 집단은 새로운 보드게임을 발명하는 학생, 농구와 관련된 새로운 게임을 계발하는 학생, 독특한 장남감을 만드는 학생들로 이루어진다.

교사 주관하의 첫 회의는 학생들이 개인 프로젝트로 무엇을 시도하는가를 설명하는 시기에 실시한다. 교사는 다른 사람의 노력에 어떻게 도움을 줄 것인가를 설명한다. 다음 회의는 학생들 주관하에 실시하며, 학생들의 필요에 따라 계획한다. 이런 형태의 집단은 강제성을 띠지 않는다.

소규모 토의 집단

개인 또는 집단 프로젝트와 관계 없는 소규모 토의 집단은 바람직한 자산이 될 수 있다. 이런 형태의 집단은 내용이 다양하다. 소규모 토의 집단의 주요 이념은 학생들이 창의성 자체에 초점을 맞출 수 있도록 하기 위해 집중 프로젝트 활동에서 벗어나도록 하는 것이다. 책, 영화, 또는 텔레비전 시트콤이 토의의 매체가 될 수 있다. 사용된

창의성 원칙을 집단이 알아 낼 수 있을까? 발명가, 음악가, 미술가 등의 전기는 창의적 행동을 배우는 학생들의 흥미를 끌 수 있다. 만화는 창의적 행동 분석을 위한 매체로 아주 좋다. 그 밖에도 새로운 장난감과 게임, 유행, 가정용품, 기계, 에너지원(原) 등 무수히 많다.

그러한 주제를 중심으로 한 토의 집단은 학생들 자신의 노력을 뒷받침할 것을 그 목적으로 한다. 따라서 그 토의 집단은 네가 어떻게 이것을 할 수 있느냐는 식의 분위기를 조성해서는 안 된다. 오히려, 창의적 과정들을 익혀가면서 학생들의 자아개념을 고무시키고 향상시켜야 한나.

이 난은 당신의 생각 모음을 위한 공간입니다.

제 6 장

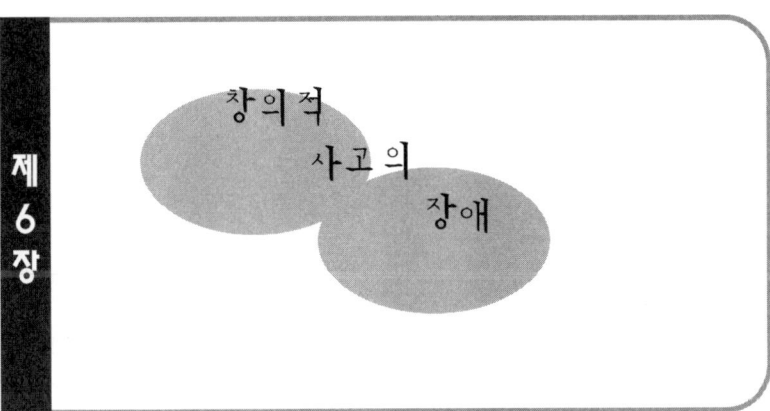

창의적
사고의
장애

이 난은 당신의 창의성 모음을 위한 터입니다.

A. 일반적으로 확인된 장애

어린이, 청소년, 성인들의 창의적 잠재력 계발 훈련을 방해하는 것은 무엇일까? 자기 자신, 사고 방식, 생활 방식, 주변 사람 또는 사물과의 관계 등에서 어떤 것을 지적할 수 있는가?

기본적으로 개인은 창의적 표현에 대한 어떤 장애가 자신의 내부에 존재하는지 알아 내야 한다. 우리는 모두 그러한 장애들이 내적인지 외적인지, 현실적인 것인지 상상에 의한 것인지 알아야 할 필요가 있다. 스스로가 만든 장애들도 많이 있다. 만약 어떤 과제를 수행해 낼 수 없는 특별한 이유가 있다면 시도조차 하지 않을 것이다. 여러 가지 이유로 자신이 낙제할 것이라고 확신하는 어린이들이 학교 공부에 전혀 노력하지 않으려는 경우가 그 예이다.

그리고 자신에 관해 부정적 생각을 가지듯이 다른 사람에 대해서도 그러한 생각을 하는데, 이러한 것은 상대방에 대해 영향력을 가지는 입장이 있는 경우라면 위험을 초래하기까지 한다. 특히 학교에서 교사들은 우수한 학생부터 무능력한 학생까지 순서를 정한다. 사람은 결국 남들이 기대하는 바대로 살아가게 된다(W. Purkey의 서서 『Self-Concept and School Achievement』를 참고 바람).

6장의 목적은 창의적 성과의 장애 요인들을 살펴보는

데 있다. 읽어 나가면서 여러분 자신이나 자녀 혹은 학생들에게 해당되지 않는지 생각해 보라. 창의적 표현력이 부족한 원인이 당신 스스로 초래한 장애가 아닌지 점검하는 기회로 삼으라.

창의적 잠재력 발휘에 장애가 되는 요소들은 역사적, 생물학적, 생리적, 사회적, 심리적 문제로 구분된다. 이들 중 일부는 이 책의 목적과 부합되는 관계로 좀더 자세히 다룬다.

역사적 장애

개인이나 사회로 하여금 새로운 것에 도전하지 않으며, 또 다른 해결책을 강구하지도 않고 더 나은 방법을 모색하지 않게 하는 역사적 장애들을 살펴보자. 고대 그리스 시대에 플라톤은 역사는 반복하다고 주장했다. 그는 변화를 시도하는 것이 많은 사람들에게 무익하다는 이야기를 되풀이하면서 역사의 반복에 관해 그럴듯한 주장을 폈다. 플라톤의 사상은 개인이나 단체로서의 우리를 체념케 하고 무기력하게 만든다.

운명과 자유 의지 관계에 대한 오랜 논쟁 및 인류의 종교 역사도 이와 유사하다. 많은 종교들이 경건과 신봉을 기본 교리로 삼아 왔다. 미국에서는 청교도의 영향력이 강하다. 우리는 조나단 에드워드의 유명한 설교 "성난 하느님의 손 안에 있는 죄인"을 기억한다. 일반 대중들은

머리 위에 유황이나 불의 위협이 도사리고 있어서 교회의 가르침을 묵묵히 따를 수밖에 없었다.

청교도 시대가 끝나고 빅토리아 시대가 되자, 행동과 사고에 자유가 거의 없는 삶을 해석하게 되었다. 그리고 빅토리아 여왕의 세력이 대영제국에 미치는 영향은 세계적이었다. 이것들은 인간 사고를 지배하는 외부의 힘을 설명해 주는 역사상 중요한 예의 일부에 불과하다. 사람들로 하여금 자신의 삶을 스스로 통제할 수 없다는 생각을 버리게 하는 것이 바로 최근의 기술 진보이다.

생물학적 장애

환경을 창의력의 중요 인자라고 말하는 학자들이 있는가 하면, 몇몇 학자들은 생물학적 견지에서 창의력을 선천적 특성이라고 주장한다. 유전자는 지능의 수준에 일익을 담당하지만, 창의적 지능의 경우는 유전이 우리가 흔히 생각하는 정도로 큰 영향을 끼치지는 않는다.

생리적 장애

생리적 장애는 질병이나 사고로 인한 두뇌 손상으로부터 발생한다. 혹은 신체 장애로 인해 특정 형태의 활동에 제약을 받기도 한다. 그렇지만 존 밀턴은 장님이었고, 베토벤은 귀머거리였음을 주목하라.

사회적 장애

분명히 사회 분위기는 우리의 창의적 표현에 영향을 미친다. 사회는 구성원들의 보호와 발전을 꾀할 수 있도록 조직된 사람들로 구성된다. 구성원으로 하여금 자신이 하찮은 존재라고 느끼게 하면서 조직이 자체로서 생명을 갖고, 구성원들을 비인간화시킬 때에는 문제가 발생한다. 사회는 일련의 사회적 관습과 전통이 존재하며, 집단 활동, 관심사 및 행동에 의해 특정지워진다. 개인은 자신이 속한 집단의 규범을 어기거나, 성문율 또는 불문율에 위배되는 행동을 하는 것이 비도덕적이라고 생각한다. 그 사회가 국가든 폭력집단이든 확립된 양식으로부터의 이탈은 형벌 또는 추방의 원인이 될 수 있다. 그러므로 괴상한 행동, 변화의 시도 등은 다른 사람들이 집단 가입으로써 얻는 인정과 안전을 파괴하고 위협하는 것으로 간주된다.

역사는, 개인이 삶에 대한 지배감을 상실할 때 그 개인이 속한 사회는 규범을 옹호할 지배적인 성향의 지도자와 그 규범들을 지킬 필요성이 무르익는다는 사실을 입증해 왔다. 독일 사회주의, 중공 및 일부 아프리카 국가에서 '집단화' 및 집단 스스로의 존속 권리에 대한 열망이 명백히 나타났다. 또한 가정, 학교, 교회, 야구단 등 특정 사회 내에서는 사람들을 적소에 배치시키기 위해 고안된 것으로서, 나이, 성별, 외모, 능력, 배경 등을 바탕으로 하는

분류 방식들이 있다. 사회 분위기는 창의적 잠재력을 활용하고, 개성을 표현하는 능력에 있어서 중요한 요소이다. 창의적 표현은 모험을 수반한다. 집단이 개인의 표현에 부정적으로 반응하면 개인은 자아 중요성의 상실을 경험한다. 거부당하지 않으려고 물러서서 잠자코 있게 된다. 교육을 통해 창의적 행동을 유발시키고자 하는 사람들은 여기서 많은 것을 배운다.

심리적 장애

앞에서 말한 역사적, 생물학적, 생리적 및 사회적 장애보다 더 중요하고 보다 널리 알려진 장애는 심리적 장애로서, 창의적 행동을 가르치는 사람들이 가장 주목해야한다. 장애란 진보를 저해하고 자유로운 행동을 제한시키는 것으로 정의하고 이 정의에 심리적 요소를 가미하면 교육의 본질에 관해 이런 물음을 제기하게 된다. 성장 및 발전을 저해하는 요소들은 무엇이며, 어떻게 하면 그 요소들을 감소 또는 제거시킬 수 있는가?

지금까지 다루었던 장애들은 대체로 외적 요인들이다. 즉, 대부분이 외부의 힘에 의해 발생된 것이다. 그 요인들 중 상당수가 창의적 성과가 좋지 못한 이유를 알고자 하는 사람들에게 유용하다. 사실, 외부의 힘 때문에 절대로 창의력이 훈련되지 않을 것이라고 굳게 믿는 사람들도 있다. 이 믿음 자체가 심리적 장애이다. 창의적 성과를 저해

하는 내적 요인의 좋은 예는 문헌에서 찾아 보기가 힘들
므로 내가 좋아하는 에밀리 디킨슨의 시를 예로 들겠다.

우리는 얼마나 키가 큰지 결코 모른다

일어서라는 요구가 있기 전까지는
우리가 얼마나 큰지 결코 모른다.
그리고 정녕 허리를 펴고 서면
우리의 키는 하늘을 찌른다.

왕이 될까 두려워
팔꿈치를 굽히지 않는다면
영웅적 행위가
일상사로 될텐데.

B. 스스로에 의한 장애를 시험해 보기

당신은 팔짱을 어떻게 끼는가? 이제 당신의 창의적 성
과를 저해할 가능성이 있는 몇 가지 내적 요인으로 눈을
돌리자. 먼저 아래에 있는 간단한 수학 문제를 풀어보라.
학생들에게 실시해도 좋다.

✎ **문제** 2분 동안 아래의 문제들을 다 풀어 보라. 단, +는 나누
기, ×는 빼기, ÷는 더하기, 그리고 -는 곱하기를 각각
의미한다.

4 + 2 =	2 ÷ 1 =
7 − 3 =	8 + 2 =
8 × 3 =	5 − 4 =
6 + 3 =	4 ÷ 2 =
9 ÷ 3 =	6 − 3 =
8 ÷ 4 =	9 + 3 =
9 × 2 =	6 ÷ 2 =
7 × 2 =	4 − 2 =
8 + 4 =	10 + 5 =
6 × 3 =	12 × 1 =
8 − 2 =	3 − 2 =
12 + 2 =	5 + 3 =
10 ÷ 2 =	4 × 2 =
5 × 3 =	8 ÷ 2 =
5 + 2 =	10 + 2 =
3 × 2 =	10 − 2 =
7 − 2 =	10 × 2 =
7 + 1 =	6 + 4 =

모두 끝냈는가?

지시를 읽었는가?

읽고난 뒤 지시대로 문제를 다 풀었다면 당신은 불과 몇 명 안되는 사람에 속한다.

만약 지시를 읽지 않았다면, 그 원인은 이미 치뤄 온 많은 시험에서 대부분의 지시들이 그다지 중요하지 않았다는 데 있을 것이다. 또한 우리 사회는 일반적으로 과제 지향적이고 우리 자신은 그것에 맞춰가고 싶어한다. 시간 제한 때문에 지시를 읽기 싫었을지도 모른다.

이 수학 문제는 습관적인 행동의 한 가지 예가 된다. 수학 기호처럼 이미 학습된 의미를 새로운 의미로 대체하는 것은 어려운 일이며, 시간 제한 등의 부담이 있을 때는 특히 심하다.

만약 당신이 지시를 따르려고 노력했다면, 쉽게 풀려고 스스로 방법을 생각해 본 적이 있는가? 가령, + 부호로 된 문제들을 모두 푼 후 또 다른 부호 풀기에 들어 가는 등의 방법이 있다. 아니면 그냥 왼쪽 줄 맨 위에서 아래로 풀어 나갔는가? 잘 알다시피, 우리는 위에서 아래로, 그리고 왼쪽에서 오른쪽으로 해나가는 데 익숙해져 있다.

그럼 다음 문제를 풀어 보자.

다음 그림에는 정사각형이 몇 개 있는가?

　　혹시 16개라고 답하지 않았는가? 전통을 고수하는 교육 체제하에서는 이것이 최고의 답으로 평가받을 것이다. 외곽선으로 된 정사각형까지 세어서 17개를 찾았는가? 큰 정사각형 속의 모든 정사각형까지 세면 30개가 된다(가로 세로 2칸으로 이루어진 정사각형을 찾은 후 가로 세로 3칸으로 이루어진 것도 빠뜨리지 말고 찾아라).

　　우리는 흔히 사람들이 기대할 만한 답을 제시한다. 즉 명백한 것 이상은 보지 못한다. 정답을 알 수 없기 때문일까? 의욕 또는 노력의 부족 때문일까? 당신은 어느 쪽에 해당된다고 생각하는가?

　　종이 한 장과 연필을 준비하라. 당신 손에 대해 생각하되 그 손으로써 할 수 있는 것들을 가능한 한 많이 써 보

라. 제한시간은 3분이다.

색, 결, 냄새, 맛, 기능, 이동성, 모양, 디자인, 관계 등을 생각했는가? 우리가 일부러 조사하지 않아도 이용할 수 있는 정보는 많이 있다.

만약 당신이 주택 전문가가 아니라면, 30가지의 주거형태를 열거할 수 있겠는가? 한 번 해 보라. 당신 스스로 놀라게 될 것이다. 아래에 열거되지 않은 것도 알고 있는가?

가옥	통나무집
연립	텐트
기숙사	궁정
하숙집	저택
수도원	막사
동굴	매점
이글루	유개화차
아파트	수족관
호텔	마구간
모텔	닭장

콘도	우리
이동주택	개집
둥지	새장
요양원	방갈로
포로수용소	헛간
감옥	원두막
보육원	오두막

대부분의 경우 당신은 생각 이상으로 많이 알고 있다.

다음에 배치된 점 9개를 연결하는 문제는 창의적 행동의 원리를 설명하기에 좋은 예이다.

✎ **문제** 연필을 떼지 않고 네 개의 식선을 이용해 아래의 점 9개를 모두 연결하라. 단 점은 한 번씩만 지나야 한다.

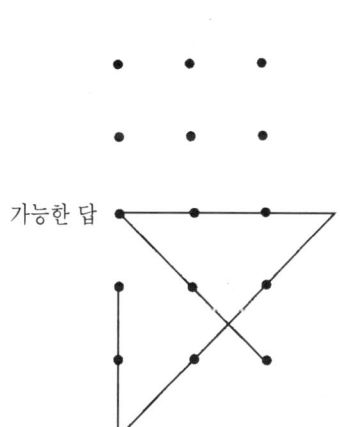

가능한 답

이 문제의 열쇠는 경계선처럼 보이는 점 바깥으로 나
가는 데 있다. 흔히 우리는 사실은 그렇지 않은데도 경계
선이 존재한다고 생각한다. 대부분의 사람들은 지시에 없
는 내용임에도 불구하고 점들이 형성하는 정사각형 내에
서 벗어나지 않은 채 풀려고 한다. 이 점 연결 문제는 스
스로 만든 장애를 잘 보여 준다. 창의적 잠재력을 계발하
는 데 있어서 중요한 사항은 마치 있는 듯이 보이지만 실
제로는 존재하지 않는 한계를 발견해 내는 것이다.

아래의 파이를 세 번만 잘라서 여덟 조각을 만들어 보자.

이런 해답들이 가능하다.

원형으로 한 번 자르고 직선으로 두 번 자른다.

십자형으로 자르고 중간 높이에서 수평되게 자른다.

두 개의 곡선과 하나의 직선으로 자른다.

이런 식의 해결이 어려웠던 이유는 평상시 습관적으로 파이를 자르는 방식과 다르기 때문이다. 우리는 보통 파이는 쐐기 모양으로 잘라야 하고, 조각의 크기는 같아야 한다고 생각한다.

아마 당신은 'Luchin의 물병 실험'을 기억할 것이다. 다음 각 문제(1번~8번)에서, 가장 오른쪽 세로줄에 적힌 만큼의 물을 병에 담고 싶다. 이용할 수 있는 병의 크기가 가운데 줄과 같다면, 어떤 방법으로 하면 되는가?

문제 1은, 29리터 병에 물을 가득 채우고 3리터 병으로

세 번 물을 덜어 내면 원하는 20리터를 남길 수 있다. 나머지 문제도 풀어 보라.

문제번호	병의 크기(단위; 리터)	담고 싶은 물의 양
1	29, 3	20
2	100, 14, 2	70
3	127, 9, 4	92
4	105, 15, 10	50
5	121, 12, 7	76
6	78, 14, 10	30
7	158, 29, 3	23
8	90, 15, 3	18

이미 알고 있겠지만 문제 1부터 6까지는 큰 병부터 채워야 한다. 문제 7과 8은 훨씬 더 간단한 방법이 있다. 그렇지만 1번부터 6번까지 잘 적용된 특정 방법 때문에, 그 문제들도 똑같은 방법으로 풀려는 경향이 있다. 이 경향을 생각의 고정화라고 한다. 생각의 고정화는 많은 어려움을 야기시키지는 않더라도, 창의적 성과 향상에 치명적인 제한이 될 수가 있다. 당신이 알고 있는 사람들, 익숙한 기관들, 그리고 당신 자신에게서 볼 수 있는 생각의 고정화들을 생각해 보라. 당신은 파이를 어떻게 자르려고 했는가?

다음 문제를 해 보라.

성냥개비를 바르게 놓아 등식이 성립하도록 하라.

분명히 Ⅶ은 Ⅰ과 같지 않다. 성냥개비 한 개만 움직여서=부호가 성립하도록 할 수 있는가?

가능한 여러 가지 방법들 중 두 가지만 소개하겠다.

동그라미친 성냥개비를 제거한다.

방법1. 위쪽에 수평으로 놓는다. 1의 제곱근은 1과 같다.

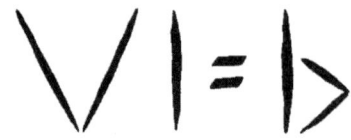

방법2. 제거한 성냥개비를 꺾어 그림과 같이 놓으면 6이 된다(이
는 고등학생이 풀었음).

이 해결방법들은 사고의 영역 전환을 필요로 한다. 방법1에서는 제곱근으로부터 정수로, 방법2에서는 로마숫자에서 아라비아숫자로 전환했다. 창의적인 사람의 특징 중 하나가 융통성이 있다는 것이다. 창의성 측정 검사에서 확인되는 융통성은 어느 영역에서 다른 영역으로 쉽게 바꿀 수 있는 능력으로서, 창의적 성과를 향상시키는 열쇠이다.

지금까지 우리는 습관, 학습된 행동, 남들의 기대, 노력 부족이나 게으름, 스스로 만든 한계, 생각의 고정화, 융통성 부족 또는 경직성 등 창의적 행동을 저해하는 내부 요인들에 대해 살펴보았다. 더 추가한다면, 실패나 위험을 두려워하는 마음, 남다르게 보이기 싫은 마음, 웃음거리가 되지 않을까 하는 걱정, 권위에 대한 복종, 이미 정해져 있는 행동 양식의 고수, 관례, 편안함, 익숙함, 규칙 준수의 필요성, 미신 그리고 숙명으로 받아들이는 태도, 타고난 성격, 지위 등이 있다. 이것들 중 상당수는 당신이

자신 및 학생들의 창의력 저해 요소를 찾는 데 중복적으
로 도움을 줄 것이다.

이 난은 당신의 생각 모음을 위한 공간입니다.

제 7 장

창의적
사고의 장애
극복하기

이 난은 당신의 창의성 모음을 위한 터입니다.

  6장에서 '장애'란 자유로운 활동에 저해가 되는 요인으로 정의했다. 심리 분야에서의 장애는 성장 및 발달을 저해하는 요소를 말한다. 오해를 막기 위해서는 이 말을 약간 조정할 필요가 있다. 분명하게든 아니든 우리의 생활에는 어느 정도 장애가 필요하다. 장애는 안전 점검 및 품질 관리를 가능하게 한다. 전혀 장애가 없는 환경은 위험을 초래하는 수가 있다. 다리에 난간이 있어야 하듯이, 심리적으로도 안전을 위한 한계가 필요하다. 창의적 사고에 있어서, 수렴적 능력을 발달시키는 것은 확산적 능력을 발달시키는 일만큼 중요하다. 수렴적 능력은 창의적 표현의 질을 결정한다. 창의성이 높은 사람은 확산과 수렴을 균형있게 잘 활용한다. 판단 능력인 이 수렴에 대해서는 나중에 좀더 다루기로 하고, 여기서의 목적은 효과적인 확산 능력 계발을 위해서 성급한 판단을 방지하는 데 있다.

  확산 능력을 갖춘다는 것은 우리의 마음을 자유롭게 하는 방법을 배우는 것을 의미하며, 대부분의 사람들에게 있어서 학습해 온 것들로부터 벗어나, 생활을 통해 축적된 몇몇 '안전 장치'들을 제거하는 것이다. 여기서의 목적은 효과적인 확산성 계발을 위해 성급한 판단을 막자는 데 있다.

  Allen Funt의 텔레비전 프로그램인 Candid Camera에는 Funt씨가 초등학교 어린이들과 함께 출연할 때가 많

다. 어린 아이를 한 명씩 데리고 나와서 진행하는 시간은 내가 좋아하는 것 중 하나인데, 그가 "행복에 관한 노래를 만들어 보라"고 요구하면 어린이는 주저하는 경우가 없이 즉석에서 가사와 곡을 만들어 낸다. 새 노래가 막힘 없이 흘러 나오고, 어린이는 노래의 질은 염두에 두지 않는다. 운이 맞는지 곡조가 일관성이 유지되는지 상관하지 않고 자연스럽게 부른다.

어른이라면 대부분 이런 경우 우물쭈물하거나, 겸연쩍게 웃거나, "노래 못 합니다", "음악의 음자도 모릅니다", "누구, 저요?", "놀리지 마세요"라고 말할 것이다.

최근에 나는 두 집단을 상대로 창의적 글쓰기 훈련을 실시했다. 이 훈련은 단편 소설의 기본 구성 요소인 등장 인물, 목표, 장애물 및 결과에 해당하는 것을 여러 가지 적어 놓고 그 중에서 임의로 한 가지씩 골라 줄거리를 만든다(자세한 것은 나중에 다루기로 한다). 한 집단은 대졸 성인으로, 다른 집단은 7~10세 어린이들로 구성되어 있었다. 네 가지 구성 요소를 임의로 선택하여 조합할 때 금방 의미가 통하는 경우가 있고, 연결이 자연스럽게 안 되어 줄거리가 엮어지지 않을 것처럼 보이는 경우도 있다. 두번째 경우가 발생하면 성인들은 다시 고르고 싶어했고, 어린이들은 그래도 골라 놓은 것을 가지고 이야기가 엮어지도록 해 보려는 자세를 취했다.

이제 여러분의 차례다. 여러분이 좋아하는 어린이들에

게도 실시해 보라. 소설 구상을 위한 형태학상 접근이라고 불리는 이 활동은 『Lone Ranger』라는 소설의 작가인 Fran Stryker가 계발했다.

   1. 종이 한 장을 아래와 같이 네 칸으로 나눈다.

등장인물	목 표	장 애	결 과

   2. 첫번째 칸에는 단편 소설의 주요 등장 인물들을 나열한다. 현실 또는 가공의 인물, 동물, 무생물, 성격 유형 등 모두 가능하다.

   3. 두번째 칸에는 등장 인물이 되고자 하는 것, 갖고자 하는 것, 하고자 하는 것 등을 나열한다.

   4. 세번째 칸에는 등장 인물이 목표를 달성하는 데 방해가 될 만한 것들을 나열한다. 큰 장벽, 실존 인물, 소심한 성격 등이 가능하다. 첫번째 칸과 두번째 칸에 기록된 사항에 전혀 개의치 않도록 한다.

5. 마지막 칸에는 어떻게 되는가 하는 것들을 적는다. 역시 다른 칸에 기록된 사항에 신경쓰지 않도록 한다.

6. 눈을 감고 각 칸에서 연필로 한 가지씩 고른다.

이제 당신은 단편 소설의 네 가지 기본 구성 요소를 결정했다. 소설을 쓸 수 있겠는가? 아니면 그것을 연기로 해 보이거나, 그림으로 그리거나, 노래하거나, 춤으로 보여주는 것이 좋은가?

각자의 칸에 10개씩을 적었다면 가능한 조합은 10000가지이다. 내용이야 어떻든 10000가지의 이야기를 만들 수 있다. 구조는 주어졌지만 내용은 당신에게 달려 있다.

앞서 말한 7~10세 어린이 집단에서, 어느 8세 소녀는 이렇게 소설을 시작했다. "밀크라는 이름을 가진 고양이가 있었다. 밀크는 우유를 좋아했다. 사실 밀크는 자기 자신을 좋아한 것이다." 밀크는 다른 사람들이 자기 자신을 좋아하도록 변화시키며 돌아다니는 성공적이고도 행복한 고양이임이 밝혀졌다. 밀크 또는 밀크를 지어 낸 어린이보다 조금 더 잘 알려져 있고 자긍심의 위력을 알고 있는 사람은 Leonardo da Vinci였다. 누군가 그에게 "당신의 가장 위대한 업적이 무엇인가?"하고 물었을 때 그는 간단히 'Leonardo da Vinci' (즉, 자기 자신)라고 대답했다.

때때로 성인들과 어린이들은 창의적 활동에 관계되는 인간의 능력을 느낄 만큼 충분한 자긍심을 통합하기 어렵

다. 그리고 정확하게 무엇이 자신을 저지시키는지에 대한 개념이 아주 모호한 경우가 많다. 아마 우리의 개성과 삶을 다방면으로 살펴보고, 개개인의 장애가 어디에 있는지 찾으려고 노력한다면 알 수 있을 것이다. 나는 한참 게슈탈트치료법을 공부할 때 그 치료법의 원리 중 몇 가지와 Stryker의 소설 구상 방법을 접속시켰다. 게슈탈트 연구에 관한 나의 지식은 문외한이었으며, 다음에 설명되는 내용은 복잡한 정신치료법의 일부에서 차용된 것이다.

게슈탈트는 '전체'를 의미하는 독일어이다. 우리는 이것을 사람에 대해 말할 때 '통합하기'라는 뜻으로 쓴다. '통합하기' 이전에 전체를 다루는 구성 요소들을 인지하고 다루는 과정이 필요하다. 인성구조에 있어서, 게슈탈트주의자들은 이 구성 요소들을 종속 자아라고 부른다. 그들은 종속 자아들끼리 상충하기도 한다는 점을 지적한다. 예를 들면 공격적인 종속 자아와 수동적인 종속 자아가 상충하여 상호 작용을 방해한다. 우리는 '완벽한' 사람으로서 행동하고 싶어하므로 있는 그대로, 옳다고 생각되는 대로, 또는 원하는 대로 행동하지 않는다. 게슈탈트는 우리에게 시시각각 다른 것이 지극히 당연하다고 가르치고 있으며, 또 전체를 구성하는 구성 요소들에 관해 알아야 한다고 가르친다(Fritz Perls의 Gestalt Therapy Verbatim을 참고하기 바람).

당신의 생활 속 어디에 창의적 사고의 장애가 있는지

찾아 내는 첫 단계로서, 당신의 인성구조를 이루는 종속
자아들을 게슈탈트적 의미로 밝히려고 하기 보다는, 당신
이 선택하거나 맡게 된, 현재 삶에서의 다양한 역할들에
대해서만 생각하라. 교사, 어머니, 아버지, 남편, 아내, 아
들, 딸, 야구 감독, 소년 단장, 학생, 이웃 사람, 테니스 선
수, 예술가, 합창단원 등과 같은 분명한 역할들도 있고,
청취자, 광대, 아첨꾼, 후원자, 파괴자, 공상가, 적대자, 승
리자, 패배자, 설교자, 고독한 사람, 중재인 등과 같이 분
명치 않은 역할들도 있다.

   Stryker 모델을 그 형식을 조금 바꾸어 개인적인 역할-
도표화에 이용하면 창의적인 행동의 장애를 알아내는 데
도움이 된다. 고등학생을 대상으로 한 진로 상담가들에게
이 방법이 유용할 것이다.

   1. 종이를 아래와 같이 다섯 칸으로 나눈다.

역 할	주요목표	주요장애	통상의 결과	원하는 결과

2. 첫째 칸에는, 당신이 현재 맡고 있는 역할들을 모두 적는다. 분명한 역할 및 그렇지 않은 역할들을 모두 다 적는다.

3. 둘째 칸을 메울 때, 이번에는 '역할'에 맞춰서 '목표'를 쓴다. 이 표에서는 임의의 결합이나 우연한 결합을 하지 않으며, 현재 당신의 실제 상황을 다루어야 한다. 그러므로 첫째 칸에 적은 역할 각각에 대한 주요 목표를 둘째 칸에 적는다.

4. 그런 다음, 나머지 세 칸은 가로나 세로 중 당신이 편한 대로 적어 나간다.

이 활동을 니기는 도중에 새로운 역할을 맞게 되면 추가로 기입해 넣는다. 다 끝내고 나면, 당신이 현재 생활에서 맡고 있는 역할들, 주요 목표, 그 목표를 달성하는 데 있어서의 주요 장애, 통상의 결과 및 원하는 결과에 대해 완전히 파악하게 된다.

완성된 표를 통해 당신은 자신에 관한 중요한 것들을 알게 될 것이다. 아마, 표에 나타난 역할들 중 몇 가지와 그에 연결된 내용에 만족할 것이며, 장애들은 쉽게 극복될 수 있고 통상의 결과 및 원하는 결과들은 내용이 동일할 것이다. 그렇시 못한 것늘은 다행히도 분석을 해 볼 수가 있다. 몇 가지 일반적인 질문들이 있다. 그 목표 달성을 위해 정말로 투자를 하고 있는가? 그 장애가 신체상의

장애인가 아니면 태도에 의한 것인가, 스스로 만든 장애
인가 아니면 외적인 장애인가? 표에 동일한 장애들이 나
타나 있는가?

이 활동의 목적은 창의적 성과에 장애가 될 만한 단서
들을 발견해 보려는 것이며, 철저한 심리 분석을 하자는
것은 아니다. 당신을 잘 알고 있는 사람과 함께 표를 검토
함으로써 자신을 보는 눈과 그 사람이 당신을 보는 눈이
같은지 알아 보는 것이 좋다. 그 장애가 순전히 당신의 생
각에 의한 것임이 드러나기도 하고, 또 어떤 장애는 일단
밝혀지면 극복하는 데 전혀 어려움이 없을 수도 있다.

일단 당신의 창의적 성과를 저지하는 것으로 생각되는
장애들을 정확히 알아 냈으면 추가로 '취할 수 있는 행
동' 칸을 만든다. '통상의' 결과와 '원하는' 결과가 일치
하도록 당신의 행동을 바꿀 가능한 방법들을 생각하라.
예를 들면 당신의 역할 중에는 집단의 대의 명분에 크게
기여하는 목표를 가지는 것도 있다. 당신은 소심증이나
열등감과 같은 주요 장애를 밝혀 냈다. '취할 수 있는 행
동' 에는 자진해서 위원회 위원장을 맡거나, 회의에서 좀
더 많이 말할 각오를 하거나, 집단을 위한 새로운 활동을
도입하거나, 다음 번 모임을 당신의 집에서 갖겠다고 제
의하는 것 등이 있다. 한 가지 행동을 선택하여 실행에 옮
겨 보라. 한 분야에서 적극적인 행동을 하면 다른 분야에
서도 그와 유사한 행동이 유발된다는 사실에 놀랄 것이

다. 그리고 최초의 행동이 성공으로 끝나면 새로운 것을 시도하는데 자신이 생긴다. 수업 중에도 이것은 마찬가지이다.

한 분야에서 얻는 만족은 다른 분야에 긍정적인 영향을 미친다. 인생 체험의 전체, 즉 분리된 구성 요소들을 통합하여 완전한 행복감을 주는 게슈탈트 사상으로 잠시 돌아가 보자. 미술가인 내 친구는 자신의 그림이 완성되는 방법에 대해 이야기해 준 적이 있는데, 완성 후에 어떤 작품이 될지 알지 못한다고 한다. 오히려 붓놀림, 형태, 색조, 구조와 같은 별도의 구성 요소들을 잘 조절함으로써 성공적인 작품에 이르게 한다는 것이다.

지금까지 언급되어 온 인적 도표에 있어서 우리는 창의적 방법의 두 가지 중요한 사항, 즉 분석 및 종합을 다루었다. 분석은 나누는 것이며 종합은 합하는 것이다. 이것은 하위 문제들로 나눔으로써 처리하기 쉽게 하는 문제 해결 과정과 유사하다. 하위 문제들이 밝혀지면 한 번에 한 가지씩 처리해 나가므로 훨씬 수월해진다. 일단 각각의 하위 문제를 밝혀서 다루고 나면 해결책들의 종합 또는 분석을 시작할 수 있다.

우리의 일상 생활에서도 마찬가지이다. 창의적 표현 능력에 어려움을 야기시키는 독립된 요소늘을 알아 내려면 분석적인 눈을 가지고 복잡한 문제에 접근해야 한다. 어려움이나 장애를 알고 나면 긍정적인 해결책을 찾는 작업

을 할 수 있게 된다. 각각의 해결책은 합성되어 전체를 이루고, 자긍심, 개인 능력의 인식을 유발한다. 더구나 개인의 삶이 그렇게 많은 면을 가지고 있다는 사실을 깨달으면 언제나 완벽하기만을 요구하지 않을 수 있게 되며 모험심이 길러진다. 결국 선수들 중 한 명이 다리를 다친다하더라도 팀 내에 다른 많은 대체 선수들이 있다.

흔히 어린이는 자신의 삶에 있어서 원만하지 않은 분야가 있으면 완전히 좌절감을 느낀다. 반장으로 뽑히거나, 놀이에 참여하게 되거나, 어떤 과제에서 금상을 받는일에 그야말로 생사를 건다. 교사는 학생들로 하여금 소위 좌절이라는 것을 딛고 일어서도록 하기 위해 삶의 다양한 면들을 깨닫게 해 줘야 한다. 우선 절대로 어린이의 기분을 무시하거나 비웃어서는 안 된다. "반장으로 뽑히지 못해서 언짢은가 보구나?"와 같은 간단한 말로써 그기분을 인정해 줘야 한다. 이런 식으로 인정해 주면 어린이는 그것에 관해 이야기하게 되며 그러다 보면 기분은 점차 안정이 되고, 교사는 어린이를 돕는 단계에 들어갈수 있다.

한 분야에서의 좌절감을 극복하는 데는 다른 분야에서의 성공을 경험하는 것보다 유용한 것이 없다. 실패를 한어린이는 곧 성공적인 경험을 할 수 있어야 한다. 오락 시간에 진행을 맡게 하거나, 합창 대회에서 부를 노래를 선정하게 하거나 교무실 심부름을 시키는 등 그 어린이가

잘해 낼 만한 일을 시킴으로써 잠간이라도 주목의 대상이 되도록 해 준다. 어린이가 특기를 가지고 있다면 그것을 이용하라. 예를 들어 미술에 재능이 있다면 학급 포스터를 만들게 하거나, 교실을 장식하게 한다.

실패의 영향이 오래가지 않는다면 어린이는 좌절을 이겨 내는 방법을 터득하게 되지만 너무 오래 지속되는 경우에는 어린이의 정서를 해친다. 그 좌절이 성공으로 감싸지면 실패는 전체 경험의 극히 일부가 되고, 장차 실패를 해도 삶의 일부로 받아들이며 모험을 두려워하지 않는다. 사실 어린이가 그렇게 될 수 있도록 용기를 북돋워 주어야 한다.

이 난은 당신의 생각 모음을 위한 공간입니다.

제
8
장

창의적
아이디어를
위한 기법

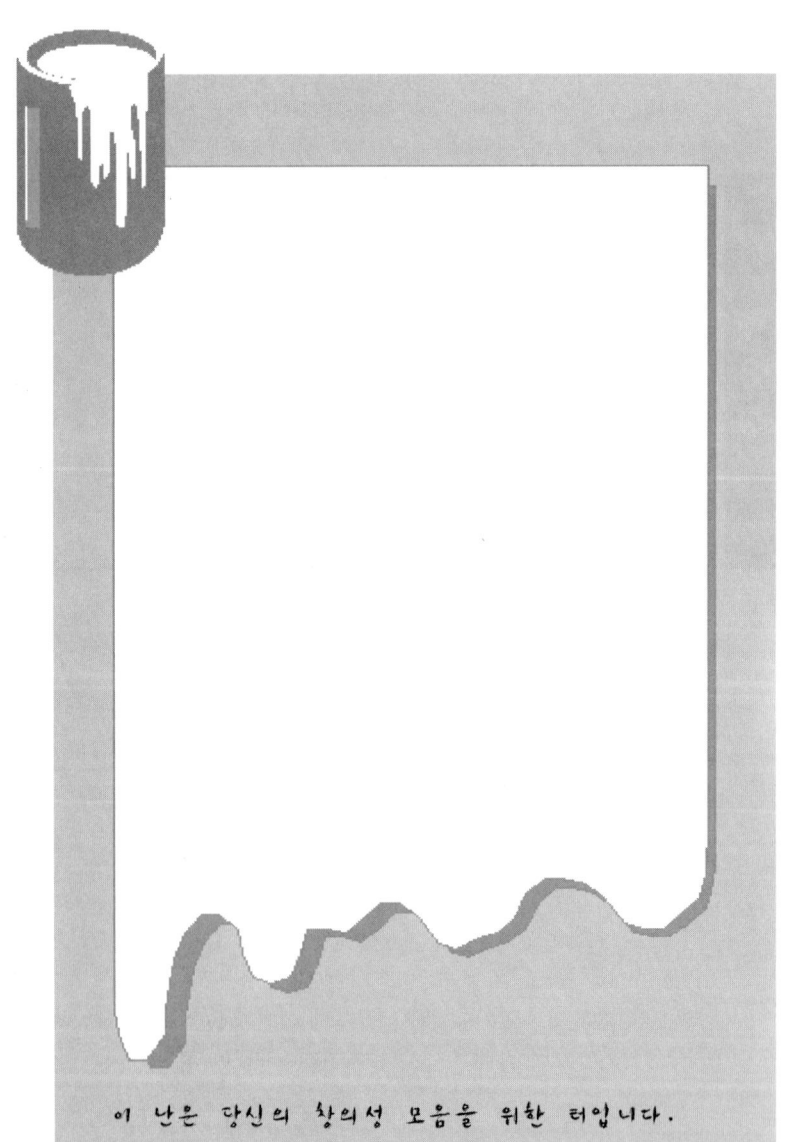

이 난은 당신의 창의성 모음을 위한 터입니다.

이 책에서의 '기법'은 인위적 방법을 의미하는 것으로서, 학생들로 하여금 그들 내부에 잠재해 있는 능력을 잘 알게 하고, 그 능력을 발휘하게 하는 출발점이며, 창의적 사고 능력을 목표로 한다. 소설 구상에 관한 Stryker 모델을 완성했을 때, 그 구조만 제시될 뿐 수만 가지나 되는 단편 소설의 내용은 당신에게 달려 있음을 이야기한 바 있다. 기법도 마찬가지이다. 그 구조와 기본 규칙은 교사와 학생들의 확산적 사고 능력을 길러 줄 분위기 조성에 목적이 있으며, 사고의 자유를 허용하고, 성급한 판단을 막아 줄 태도적 틀과 기존의 사고 범위를 확장하는 방법을 제공한다. 한편 새로운 방향, 연합, 적용, 응용을 가능케 하고, 유창성을 실러 준다. 일단 유창성이 향상된 것을 인식하고 나면 그 자신감으로 인해 다른 창의적 특징들로 쉽게 향상된다.

브레인스토밍(Brainstorming)

Webster의 사전을 보면 브레인스톰이란 '1. 발작적 정신착란 2. a : 영감 b : 엉뚱한 생각'으로, 또 최근에 나온 Merriam-Webster 사전에는 '순간적으로 떠오른 영감'이라고 정의되어 있다.

창의적 아이디어를 위한 기법으로서의 브레인스토밍은

적절히 훈련, 사용되면 매우 효과적인 수단이 된다. 나는 브레인스토밍을 브레인워싱(Brainwashing)이나 바안스토밍(Barnstorming)과 혼동하지 말라고 농담하곤 한다. 적절히 훈련받지 못하면 브레인스토밍 시간은 엉터리가 될 수도 있다. 창의적 과정에서의 브레인스토밍을 수단이 아니라 목표 그 자체라고 생각하는 것은 위험하다. 도구로서의 브레인스토밍은 기본 규칙이 제공하는 태도적 틀과 그것이 유발하는 문제해결책 찾기 능력에 있어서 매우 가치있다.

'창의적 교육 재단'의 설립자인 Alex F. Osborn은 그의 저서 『Applied Imagination』에서, 효과적인 브레인스토밍을 위한 네 가지 기본 규칙을 다음과 같이 세웠다.

1. 비판을 보류한다.
2. 자유롭게 사고한다.
3. 양을 중요시한다.
4. 결합하고 개선한다.

이 기본 규칙은 Osborn 이후 수정을 거치고 있으나 본질적인 내용에는 변함이 없다.

브레인스토밍은 6명 내지 8명으로 구성된 집단의 토의에 적합하다. 내가 단독 브레인스토밍이라고 즐겨 부르는 것은 개인의 발전에 중요한 활동인데, 이에 관해서는 나

중에 이야기하겠다.

Osborn 규칙은 말로는 간단히 설명되지만 실제 적용은 그리 수월하지가 않다. 우선 구성원 각자가 규칙을 지키기 위해 진지하게 노력해야 한다. 규칙을 엄밀히 따르고 그 규칙이 함축하는 태도로써 임할 때 브레인스토밍은 기능을 발휘한다. 그러므로 기본 규칙 하나 하나를 심도 있게 살펴보는 것이 좋다.

비판하지 않는다.

확산적 사고의 첫번째 규칙은 비난을 완전히 배제하는 것이다. 비판 의식을 기르도록 배우고, 판단 능력을 높이 평가받으면서 비판 성향을 가지게 된 우리로서는 이 점을 실행하기가 말처럼 쉽지는 않다. 잠시만 비판 의식을 버리려고 해도 거북스럽기 짝이 없다. 앞에서 말한 비웃음, 실패, 부적절함 등에 대한 두려움을 겪게 되는 것이다. 자신과 타인에게 완전히 비판 의식을 버리는 일은 대단한 모험이다. 그러나 Osborn의 말처럼 그저 판단을 보류할 뿐이다. 우리로 하여금 판단을 배제하는 것이 일시적 상태임을 이해하게끔 해 주는 안전모이다. 실행하기 전에 평가를 거친다는 것을 알고 일시적임을 인정하면 참여 의욕이 증진된다.

타인의 비판을 피하는 일은 자신의 비판으로부터 벗어나기보다는 쉽다. 우리는 자신에 대한 최악의 비판자이

며, 자신에 대해 지극히 엄격하고, 좋은 결과를 낳은 큰 노력보다는 결과가 나쁜 작은 노력에 더 신경을 쓰면서 산다. 어렸을 때의 맞춤법 시험에 대해 생각해 보라. 당신은 무엇에 집착했는가? 틀린 한 문제인가 아니면 맞은 아홉 문제인가? 대부분의 사람들은 자신을 비판하지 않기 위해 상당한 노력이 필요하다.

타인에 대한 비판에는 여러 가지 방식이 있다. 비판적 생활 성향은 남들이 잘하는 일보다 못하는 일에 더 관심을 두도록 만든다. 타인에 대한 비판 방식에는 말과 침묵이 있다. 말로 하는 비판은 덜 난해하며, '죽이는 말'로 표현되고 있다. 곧바로 아이디어를 막아 버리는 숨은 가시이다. "작년에 해 봤잖소", "정신이 나갔군", "당치도 않아", "웃기는 군", "그런 바보같은 소리는 처음 들어보네"와 같이 딱 잘라 버리는 말들이 그것이다. 좀더 예의를 갖춘 말로는 "좋은 의견이긴 합니다만 더 좋은 아이디어를 생각해 봅시다", "어느 학교 출신이라고 했죠?", "더 효과적인 방법들이 필요합니다", "일을 시작해야 합니다" 등이 있다. 툴툴거림, 헛기침, 낄낄거리는 웃음소리를 내거나 찌푸린 얼굴, 흘겨보기, 옆구리를 쿡 찌르기, 갑자기 고개를 쳐들기, 팔짱끼고 의자 깊숙이 앉아있기 등 무엇을 의미하는지 분명한 몸짓들도 있다. 반대의 표시임을 의심할 여지가 없다. 자신 및 타인을 비판하지 않을 수 있기까지는 상당한 훈련이 필요하다.

자유롭게 사고한다.

자유로운 사고는 활동 분위기 속에서 자신감을 가질 때 가능해진다. 자신의 말이 처음엔 비웃음을 살 것 같더라도 의기소침하지 않는 자신감이 필요한 것이다. 이 자신감은 다른 사람들이 기발한 아이디어를 내는 것을 들음으로써 생긴다.

자유로운 사고는 진부한 해결책에서 벗어나게 하고, 풀리지 않고 있던 문제해결의 열쇠를 제공해 준다. 파격적인 아이디어는 나중에 수정, 조절을 거쳐 구하고자 했던 해답이 된다. 자유로운 사고는 새로운 비결 및 참신한 접근 방법을 제시한다.

양을 중요시한다.

양이 많으면 선택의 폭이 넓어진다는 의미에서 질도 높아진다. 뿐만 아니라 참가자들은 더욱 열심히 아이디어를 제시한다. 양을 추구함으로써 최상의 결과를 얻는 경우가 많다.

제시자의 생각을 그대로 종이에 적어야 한다. 양을 목표로 하므로 아이디어를 간단하게 말하고 정교화는 나중에 한다. 동일한 아이디어가 반복해서 나와도 기록해야 한다. "그 의견은 이미 나왔습니다"라는 식의 말은 의견을 제시할 의욕을 꺾어 버린다.

히치하이킹(Hitchhiking)

한 사람의 아이디어가 다른 사람의 사고에 활기를 주기도 한다. 사실 집단 브레인스토밍의 가장 큰 장점 중 하나가 참가자들이 서로를 고무시킨다는 점이다. 항상 활기차고 재미있으며 단체 정신이 길러진다. 협동 정신으로 목표를 향해 함께 일하는 건전하고 긍정적인 경험도 된다.

이제 집단을 만들어 브레인스토밍을 실시해 보라. 참가자 모두가 잘 알고 있는 객관적인 문제부터 시작하라. 예를 들어 벨트의 다른 용도에 대해 생각해 보라고 하라. 네 가지 기본 규칙을 간단히 일러 준 다음, 시간을 3분으로 제한하고, 한 사람을 시켜서 몇 가지 의견이 제시되는지 세도록 한다.

브레인스토밍이 끝나면, 참가자들은 결과를 살펴본다. 아마 상당히 많은 의견이 나왔을 것이다. 브레인스토밍 규칙을 적용시키지 않았던 지난 번 회의 시간의 아이디어 수와 비교해 보자. 엄청난 차이가 있을 것이다.

개인의 역할과 집단의 역할에 따라 활동하는 동안 일어난 일에 대해 꼼꼼히 검토하는 일이 중요하다. 다른 사람을 비판한 예가 있었는가? 자신의 생각이 그리 훌륭하지 못하거나 아주 우습게 들릴 거라고 느껴져 억눌렀는가? 다른 사람에 의해 고무된 아이디어가 몇 번이나 나왔

는가? 이렇게 분석함으로써 다음 번 토의 시간에 더 효과
적으로 할 수 있다. 또 집단과 개인의 능력을 향상시키고,
자신의 특정한 행동이 창의적 성과를 얼마나 높여 주는지
를 알아내는 데 도움을 준다.

　브레인스토밍 시간에 의장의 역할은 매우 중요한데, 기
본 규칙을 준수하도록 책임져야 하며 진행을 촉진하는 역
할을 해야 하기 때문이다. 기본 규칙을 준수하는 책임자
로서는, 찬성이나 반대를 나타내지 않고 고무시키는 어려
운 과제를 맡는다. 의장들은 판단 보류의 원칙을 고수함
에 있어서, 비판을 자제할 수는 있어도, 특별한 의견에 대
해 찬성이나 반대를 나타내지 않기란 무척 어렵다. 그러
나 그렇게 했을 경우 집단에 어떤 영향을 미칠지를 생각
해 보라. 예를 들어 어떤 아이디어에 대해 "훌륭해"라고
말한다면, 참가자들은 더 이상의 의견이 필요 없을 것으
로 생각하므로 아이디어 제시가 억제된다. 의장은 찬성이
나 반대를 나타내지 않고 고개를 끄덕이거나 그 아이디어
를 반복하는 등의 행동으로써 의견 제시자를 인정해 줘야
한다.

　의장에게는 시기 적절한 행동이 중요하다. 일반적으로
침묵의 시간도 필요하지만 침묵이 오래 이어져 불안감이
조성될 때는 의장이 조언을 함으로써 진행을 촉진한다.
예를 들어 벨트의 용도 변경 문제에 있어서, "가방을 묶
는다", "책을 묶는다." 등의 너무 통상적인 생각에만 젖어

있어 아이디어가 더 이상 나오지 않는 경우, 의장은 참가자의 사고가 확장되도록 새로운 예문의 틀을 제공해 줄 수 있다. 아래와 같이 상황을 설정해 줄 수도 있다.

1. 당신이 영화 제작소의 소품 담당자라고 하자. 실수로 물건이라고는 벨트 만 개밖에 가져 가지 않았다면 어떻게 해결하겠는가?
2. 사막에서 자동차가 고장났다. 벨트 한 상자밖에 없다면 어떻게 하겠는가?
3. 생일 파티에서 어린이들을 즐겁게 해 주는 일을 맡았는데 가진 것은 벨트 한 무더기밖에 없다. 어떻게 하면 좋을까?

물건의 상태를 바꿈으로써 생각의 방향을 다시 잡아 주는 방법도 있다.

1. 이 벨트의 길이와 강도가 10배로 된다면 어떤 용도로 쓸 수 있을까?
2. 벨트의 길이가 10분의 1로 줄어든다면 어디에 사용할 수 있을까?
3. 벨트가 얼음이나 종이로 만들어졌다면 어디에 사용하겠는가?

이 방법은 사고의 융통성을 길러 준다는 의미에서도 상당히 중요한 기능을 가진다. 융통성은 영역을 바꾸는 능력임을 기억하고 있을 것이다.

훈련이 잘된 집단의 브레인스토밍에서는 이런 개입이 필요 없겠지만, 의장은 원활히 진행이 안 될 경우에 대비해 두는 것이 좋다. 매우 숙련된 집단조차도 때로는 어려움을 겪기 때문이다. 브레인스토밍의 주제가 객관적일 때보다 주관적일 때 특히 더 그렇다. 벨트의 용도에 관해서는 그렇지 않지만 개인적이거나 사회적인 문제는 브레인스토밍에 착수하는 방식에서 오는 효과의 차이가 분명하다. 주제가 가지는 성질에 진지해져야 하고, 모두 효력을 가지는 아이디어라야 한다고 생각하기 때문에 자유로운 사고 능력이 평가의식에 의해 저해된다. 그리고 이런 주제는 새로운 접근 방법과 방향을 가장 필요로 한다.

집단이 개인 또는 사회적으로 중요한 영향력을 지닌 결과를 얻도록 하는 것은 의장에게 달려 있다.

어린이들은 브레인스토밍을 아주 잘한다. 그들은 게임의 규칙을 지키는데 익숙하며 성인들보다 브레인스토밍 규칙을 더 잘 적용한다. 많은 어린이들은 이미 마법의 원과 같은 교육 훈련을 통해 '비판하지 않기' 기본 규칙을 배웠다. 이 기본 규칙을 브레인스토밍 시간에 노입하면 전반적인 학급 분위기에 영향을 미치는데, 여러 가지 학급 활동을 하는데 있어서 협동적인 분위기를 조성한다.

자유로운 사고와 상호 촉진은 어린이들에게 자연스럽게 일어나므로 어린이들의 브레인스토밍 기본 규칙으로 정해 놓을 필요가 없다. 처음부터 너무 많은 규칙으로 활동을 복잡하게 만드는 것은 좋지 않다. 브레인스토밍 기술 향상에 이어서 자유로운 사고와 상호 촉진 능력을 부가적인 이점으로 지적할 수 있다.

양을 달성해야 할 목표로서 강조해야 한다. 어린이들에 있어서 이 목표는 달성하기 쉽다. 어린이들은 다른 사람이 금방 말한 것을 잘 따라하는 경향이 있는데, 이미 나온 것을 말한다 하더라도 모두 기록하는 것이 중요하다. 첫째, '비판하지 않기' 규칙을 상기시켜 주고, 둘째, 반복 여부에 관계 없이 모든 어린이들의 의견을 존중하며 기록하는 일은 자긍심을 향상시키는 분위기 조성에 필수 조건이다. 독창적이든 아니든 자신의 의견이 기록되는 것을 보고 그 의견이 받아들여졌음을 알게 된다. 어떤 아이디어가 인정되는 것을 보고 나면 자신도 인정받고 싶은 마음에서 그 아이디어를 되풀이 한다. 의견을 인정받은 어린이들은 장차 독창적인 사고를 하는 데 두려움을 느끼지 않는다.

속성 열거

Robert C. Crawford는 속성 나열법을 창안해 낸 업적을 가지고 있다. Crawford의 방법은 주 문제를 하위 문제들로 나누는 것과 유사하므로 훌륭한 방법이다. 과제 전체를 한꺼번에 다루지 않고, 속성을 열거함으로써 구성 요소들로 나누어 그 요소를 하나씩 다룬다. 특정 하위 문제를 명료하게 밝히는 것이 주 문제의 해결에 열쇠가 되는 경우가 많다. 어떤 과제든지 다루기 쉬운 하위 문제들로 작아지면 부담이 줄어든다.

Crawford의 방법은 나누어 처리하기 방식 그 이상을 제공한다. 특정 과제나 문제를 다루는 방법을 다양하게 보여 줌으로써 실현 가능성을 높여 준다. 속성이라는 말이 함축하는 것은 이미 그것에 존재하는 무엇이며, 이 말의 사용은 확실한 방법이다. 다음과 같은 간단한 과제를 해 보자.

1. 볼펜 등과 같은 일상적 물건을 하나 정하라.
2. 크기, 형태, 색, 무게, 기능 등 그 물건의 속성을 가능한 한 많이 나열하라.
3. 나열한 속성들 각각에 대해 그 속을 개조 또는 개선할 수 있는 방법들에 관해 브레인스토밍하라.

볼펜 전체를 가지고 개조 또는 개선할 수 있는 방법보다 훨씬 많은 방법을 얻게 될 것이 분명하다.

속성 열거방법을 설명하는데 볼펜이라는 간단한 물건을 이용했다. 이 방법을 좀더 광범위한 질문에 적용시켜도 매우 효과적이다. 예를 들어 당신이 교사이거나 장차 교사가 된다면, "창의적 행동을 더 잘 유발하기 위해 학급을 어떤 식으로 개조 또는 개선할 수 있는가?"라는 질문에 관해 생각하는데, 이 방법을 사용할 수 있다. 우선, 그 학급이 갖고 있는 속성을 열거하라. 물리적 속성들에 국한되지 않도록 하라. 속성을 열거해 놓으면 문제해결이 확실히 쉬워진다. 잘 아는 학급에 실시해 보라.

속성 열거가 긍정적인 결과를 가져 오는 또 다른 경우는 행동에 문제가 있거나, 친구 관계에서 문제를 가지거나 교사와 갈등 상황에 놓인 학생에게 적용할 때이다. 문제해결에 착수하기 전에 사람 또는 상황의 속성들을 열거하고 나서, 어려움을 덜어 줄 가능성이 가장 커 보이는 속성에 대하여 해결책을 브레인스토밍하라.

당신은 현재 어떠한 사람들의 문제를 알고 있는가? 속성 열거방법을 적용하고 해결책을 가져다 줄 단서를 찾아라.

학생들로 하여금 당신이 했던 것처럼 학급의 속성들을 브레인스토밍하게 하라. 어느 속성들을 개선할지 질문하라. 어떻게 개선할 수 있는지 브레인스토밍하라. 이 활동

은 어린이들과 함께 일할 경우 처음에는 물리적 환경에 국한될 것이다. 공감하는 한 가지 속성은, 독서 코너가 혼자 앉아 조용히 읽을 수 있는 곳이어야 한다는 점이다. 만약 이것의 개선에 대해 브레인스토밍하기로 결정했다면 쿠션, 흔들의자, 융단, 개인 장서표가 있어야 한다는 등의 제안을 할 것이다.

어린이는 쉬는 시간에 일어나는 다툼 중 일부를 속성 열거를 이용하여 잘 해결할 수 있다. 우선 쉬는 시간의 속성들을 생각하고, 그 다음엔 다툼이나 불평을 초래하는 그 속성들의 개선에 관해 브레인스토밍한다.

속성 열거는 어린이가 연관되어 있는 개인 또는 집단 프로젝트의 개선에 특히 유용한 방법이다. 이 방법은 우선 프로젝트의 속성들을 확인할 기회를, 그리고 좀더 손질이 필요한 특별요소에 대한 개선책을 브레인스토밍할 기회를 제공해 준다. 프로젝트로는 과학실험, 창작동화, 음악연주, 그림 등이 있다.

강제 결합

태양 아래 새로운 것은 아무것도 없으며, 새로운 것처럼 보이는 것들은 모두 이미 존재하고 있던 것을 새롭게 결합시킨 것일 뿐이라는 생각에 많은 사람들이 동의한다.

새로운 결합은 아주 간단한 것에서부터 이해하기 어려울 정도로 복잡한 것까지 우리 생활 주변에 많이 있다. 당연한 것으로 생각되는 많은 물건들이 누군가가 기존의 물건들을 결합시켜서 만든 것들이다. 시계 라디오가 대표적인 예이다. 지금 당신의 주위를 둘러보라. 얼마나 많은 것들이 두 개 이상의 물건이 합쳐져서 만들어졌는가?

그런 다음엔 당신이 공원, 자동차, 극장 등 다른 장소에 있다고 상상하고, 주변에 두 가지 이상의 물건들이 결합되어 만들어진 것에는 어떤 것이 있는지 생각해 보라.

물건의 결합에 대해 생각해 보았으면, 인류에 대해 생각해 보라. 예를 들어 최근 몇 년간 인종 차별 대우 폐지, 장애인 차별 교육 철폐 그리고 확산되는 남녀 평등주의를 우리는 보아 왔다.

Charles S. Whiting이 창안한 강제 결합법은 결합을 수월하게 하는데 이용되는 수단이다. Whiting은 새로운 결합을 유도하는 방법으로서 원래 관련이 없는 사물이나 아이디어 두 개 이상을 인위적으로 관계짓기를 제안했다. 결합에 이용되는 간단한 방법 중 한 가지는 메트릭스를 이용하는 것이다. 표의 가장 왼쪽줄에는 사물이나 아이디어를 적고, 가로 첫째줄에는 동일한 사물들 또는 다른 사물들을 적는다. 그러면 가로 세로가 만나는 칸에 새로운 결합이 만들어진다.

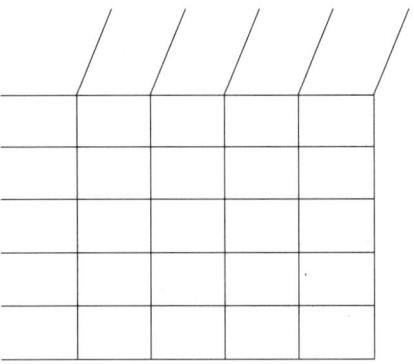

　음식과 요리 형태를 이용하여 직접 해 보라. 1열에는 좋아하는 음식을, 1행에는 굽기, 얼리기 등의 요리 형태를 적는다. 그리고 서로 만나는 칸에 어떤 재미있는 결합이 생기는지 보라. 처음에는 좀 이상한 결합이라고 생각되는 것도 있겠지만, 한편으로는 오늘 저녁에 구운 아이스크림을 먹게 된다면 몹시 기대되지 않겠는가? 그리고 그 저녁 식사에 초대할 사람들도 메트릭스식 결합으로 결정해 보면 어떨까?

　전혀 생각지도 못했던 새로운 결합이 될 때는 창의력이 높은 사람들조차도 강제 결합법이 유익함을 실감한다. 내가 고등 학교 교사로 있을 때 시에 소질이 있었던 어느 학생은 특정 효과를 얻고자 단어의 결합에 메트릭스를 이용했었다. 단어의 첫소리가 '아'인 단어를 반복 사용함으로써 특별한 분위기를 만들고자 했다. 사전을 이용하여

'아' 로 시작하는 명사를 모두 1열에 적고 1행에는 찾은 형용사를 모두 적었다. 가능한 모든 결합 중에서 64개를 골라서 비교적 긴 시를 지었다. 그 학생은 이미 입증된 자신의 재능을 다른 방식으로 접근하게 된 것을 매우 기뻐했으며 그 충족감은 다른 학생들에게 까지 확산되었다.

인위적 관계를 만드는 메트릭스의 확장이 '소설 구상을 위한 Stryker의 형태학적 접근' 임은 물론이다. 형태학적 분석은 인위적인 관계 형성에 매력을 느끼는 사람의 관심을 끈다. 관심이 있다면 최고의 형태상 분석으로 손꼽히는 Myron S. Allen의 연구 논문을 읽어 보기 바란다.

어린이들은 강제 결합법을 좋아한다. 학생들에게 교실을 둘러 보고 독립적으로 존재하던 물건이 결합된 것들을 찾아보도록 하라. 책상이나 의자는 결합이 안 된 상태인가? 모자 달린 잠바를 입고 온 학생은 없는가? 창밖을 내다 보면서도 찾게 하자. 놀이터의 기구들은 어떤가? 학생들이 잘 알고 있는 가게, 학교 내의 다른 장소, 집에서도 어떤 결합이 가능한지 생각해 보게 한다.

학생들에게 샌드위치, 서로 다른 텔레비전 쇼 등장 인물들간의 대화 꾸미기, 여러 종류의 스포츠 용품을 결합하여 사용하는 운동 경기 고안하기, 기존의 게임 방법들을 결합시켜 새로운 게임 만들기 등에 메트릭스를 활용하도록 하라.

점검 목록

해결책 찾기를 돕는 다른 수단으로서의 점검 목록 이용은 아이디어를 자극하는 Alex F. Osborn의 질문 목록에서 비롯되었다. Alex F. Osborn의 질문들은 개인이나 집단이 아이디어 '고갈' 을 느낄 때 생각을 확장시켜 준다. 아이디어를 자극하는 Osborn의 질문들은 다음과 같다.

1. 가능한 다른 용도는?
   새로운 용도에는 어떤 것이 있는가? 개조하면 어떤 용도를 쓸 수 있을까?

2. 적용시키면?
   이와 유사한 것들은? 이것으로부터 다른 어떤 아이디어들이 떠오르는가?

3. 수정하면?
   의미, 색상, 움직임, 소리, 향기, 맛, 형식, 모양 등을 바꾸면?

4. 확장시키면?
   첨가하면? 횟수를 늘리면? 더 강하게 하면? 크게 하면? 성분을 늘리면? 증식시키면?

5. 축소시키면?
   제거하면? 크기를 줄이면? 가볍게 하면? 속도를 늦추면? 분할하면? 횟수를 줄이면?

6. 대체하면?

　다른 어떤 사람을 쓸까? 다른 무엇을 쓸까? 다른 장소로 바꾸면? 시기를 바꾸면?

7. 재배치하면?

　짜임새를 바꾸면? 순서를 바꾸면? 간격을 바꾸면?

8. 거꾸로 하면?

　돌려 놓으면? 안팎을 바꾸면? 위아래를 바꾸면? 앞뒤를 바꾸면?

9. 결합시키면?

　혼합하거나 짜맞춘다면? 목적을 결합시키면? 아이디어를 결합시키면?

　점검 목록을 이용함으로써 사고의 융통성 향상을 위한 가능성에 접하게 된다. 예를 들면 Osborn의 점검 목록은 어린이들에게 상상력을 발휘할 기회를 주고, 교사가 실시해 볼 만한 여러 가지 활동들을 제공해 준다. Osborn 점검 목록을 바탕으로 어린이들에게 할 수 있는 질문들은 다음과 같다.

1. 가능한 다른 용도는?

　롤러스케이트 바퀴 100개 가량을 스케이트에 부착하는 대신에 다른 용도로 바꾸면?

2. 적응시키면?

욕조와 비슷한 것들은 몇 가지 있는가?

3. 수정하면?

치과에 좀더 즐거운 마음으로 가려면 어떻게 하면 좋을까?

4. 확장시키면?

자신의 생일이 한 달에 한 번이라면 어떨까?

5. 축소시키면?

사람들이 키가 10인치밖에 안 된다면 어떨까?

6. 대체하면?

자전거가 공중에서 날 수 있고, 물 위에 떠다닐 수 있다면 어떤 일이 생길까?

7. 재배치하면?

학교를 낮에 다니지 않고 밤에 다닌다면 어떤 점이 달라질까?

8. 거꾸로 하면?

사람들이 뒤로만 걸어다닌다면 어떨까?

9. 결합시키면?

냉장고, 라디오, 창문을 결합시켜 무엇을 발명할 수 있는가?

일단 이런 활동을 해 보고 나면 학생들은 유사한 것들도 아주 잘한다. 학생들로 하여금 수업 시간에 실시할 수 있는 다른 활동들을 제시하게 하라.

　이런 점검 목록은 아이디어를 낱낱이 이야기하는 데 도움을 주며, 새로운 방식, 독특한 아이디어를 제공하기도 한다. 점검 목록들은 또한 창의적 성과를 높여 주는 결합 능력을 필요로 한다. 나는 학생들에게 자신의 수완을 길러 줄 점검 목록을 '즉석에서' 만들어 보도록 해 왔다. 생각이 활기를 잃은 듯 보일 때 책장을 슬슬 넘겨 보거나, 호주머니 또는 지갑을 뒤져 보거나, 창 밖을 내다보거나, 라디오를 켜거나, 산책하거나 하면서 가능한 결합들을 만들게 한다.

　아래 훈련을 수업에 실시해 보라

1. 종이 한 장에 지름 1.5cm 정도의 원들을 가득 그린다.
2, 각 원에 그림을 그린다.
3, 잠시 후, '정신적 점검 목록'을 적용한다. 자신이 체육관, 축구장, 해안, 도서관, 극장, 공원, 직장에 있거나 백화점을 돌아다니고 있다 생각한다.

　몇 가지 그림을 더 그릴 수 있었는가? 정신을 통해 더 많은 아이디어가 나오게 된다.

　여기 언급된 모든 방법들은 당신이 생각보다 많은 것을 알고 있으며, 창의적 사고력이 의외로 높다는 사실의 토대가 된다. 앞서 말했던 것처럼, 기법이라는 말은 궁극

적으로 인위적 수단으로서의 개념이며, 이미 잠재해 있는 확산적 능력을 유출하는 방법으로서의 개념이다. 혼자서 일하든 집단의 구성원으로서 일하든, 자신의 창의력 활용이 매우 유능하게 된 후에 조차도 기법이 필요하고 지침의 재검토가 요구되고, 성급한 판단에 관한 충고가 필요한 때가 있다.

우리 내부에 얼마나 많은 상상력이 잠재해 있는지 깨달으면 놀라게 된다. Charlie Brown의 말처럼, 뛰어난 잠재력을 지닌 것보다 더 무거운 짐은 없다. 우리 내부의 능력과 가능성을 깨닫고 우리를 억누르는 일상생활에 갇혀 버리는 것을 느낄 때 난감해 진다. 그러나 이를 비롯한 다른 부정적인 감정들을 극복하는 길은 있다. 개인의 자유와 능력에 대한 새로운 자각과 "왜?"라는 물음 대신에 "물론이지"라고 말하거나 "절대로 할 수 없을 거야" 대신에 "한번 해 보자"라고 말하는 긍정적인 태도가 그것이다.

어린이들에게 "한번 해 보자"라는 태도를 심어 줘야 한다. 지금까지 소개한 모든 해결책 찾기 기법들은 얼마든지 어린이들의 수준에 맞게 수정 가능하다. 사실 이 창의적 사고 기법들은 어린이들에게 아주 수월하며, 창의적 성과를 제한하는 요소들을 극복할 필요가 있는 사람들은 바로 성인들이다. 그렇다면 어린이들에게는 특별한 능력을 가르쳐서, 창의적 사고를 활용할 기회를 증가시켜 주면 된다.

이 난은 당신의 생각 모음을 위한 공간입니다.

제 9 장

무질서에서
　　질서로:
　　　　문제해결 과정

이 난은 당신의 창의성 모음을 위한 터입니다.

"알았다"라고 외치며 거리를 달리는 아르키메데스의 그림과, 만화 주인공의 머리 바로 위에 뭔가를 알아 냈다는 의미의 반짝거리는 전구 그림을 우리는 본 적이 있다. 그리고 이러한 이미지들을 최신판 포켓 사전에 있는 '갑작스런 영감의 돌발'이라는 브레인스토밍의 정의와 결부시킨다. 전혀 관련 없는 것을 생각하는 도중에 어떤 문제에 대한 해결책이나 답변이 떠올랐던 경험이 있을 것이다. 몇 시간 또는 며칠을 매달렸어도 찾지 못했던 그 해답이 출처 모를 곳으로부터 또는 예기치 않고 있을 때에 갑자기 나타난다. 흔히 경험하는 이런 현상은 여러분이 문제를 풀려고 힘 때 잠재 의식 속에서 작용하는 과정의 일부이다. 즉 정신은 의식 수준에서는 명백히 나타나지 않는 과정에 작용하고 있다.

문제를 해결하기 위해 오랫동안 의식적으로 집중할 때도 나타나지 않던 해결책이 마치 번개처럼 떠오르는 그러한 현상을 근원적인 창의성이라 부른다. 그렇다면 근원적 창의성이란, 의식이 알아차리지 못하는 사이에 일어나는 정신의 자연스런 문제해결 과정이다. 만약 문제해결 과정에서 정신이 자연스럽게 기능을 수행한다면, 이러한 과정들이 과연 무엇인지 의식적으로 자각하는 것이 그 과정들을 원할 때 불러내는 데 도움이 되지 않을까? 제2의 창의성으로 알려지게 된 것을 옹호하는 사람들도 이와 같이 생각한다. 제2의 창의성은 인간의 자연스런 문제해결 과

정으로 규명된 가장 보편적인 사고 단계들을 의식적인 자각의 수준까지 끌어 올린다. 이 단계는 의식이 '알았다'라는 체험을 하기까지의 준비 과정이라고 이론화되어 있다. 『Grow or Die : The Unifying Principle of Transformation』이라는 책에서 George T. L. Land는 모든 생물에 적용되는 성장 과정을 훌륭하게 설명하고 있다. 만약 우리 내부에 존재하는 지식과 문제해결 능력을 자각하기만 하면 인간에 관해 배우는 것은 훨씬 간단해진다고 강조한다. 제2의 창의성은 우리가 이미 가지고 있는 지식을 의식수준에서 조직하고 새로운 지식을 얻기 위해 올바른 질문을 하려고 하며, 내재하는 문제해결 능력을 모방하려고 한다.

여기서 논의하는 제2의 해결 과정에 관한 첫번째 내용은 과정을 단계별로 심층 묘사하고, 성인과 고학년 학생에게 적용 가능한 활동들을 단계별로 소개할 것이다. 첫번째 논의에서는 본질상 비교적 객관성 있는 내용을, 두번째 논의에서는 좀더 까다롭고 주관적인 내용을 다룬다. 마지막으로 아동들이 제2의 해결과정을 이용할 수 있도록 돕는 방법들을 소개한다.

여기에서 소개된 제2의 창의적 과정이 비록 유일한 것은 아니지만, 편리하며 다양한 사람 및 상황에 적용 가능하다. 또 그다지 번거롭지도 않고, 사용하는 사람의 목적에 맞게끔 확장하거나 축소시킬 수도 있다. 여기서는 다

음 다섯 가지 단계를 제시하고 있다.

도입
준비
문제해결책 찾기
평가
실행

각 단계가 밝혀지면, 현재의 프로젝트나 문제를 교실이나 가정에서 적용함으로써 그 해결 과정을 실험해 보라. 정말 중요하거나 지나치게 복잡한 것은 피하고, 아래의 문제들 정도로 개관적인 것을 주제로 선택하라.

◆ 생일 파티를 위한 식단 준비
◆ 수집한 책이나 서가 재배치
◆ 학교의 화단이나 채소밭 가꾸기
◆ 의상 디자인하기
◆ 지역 공원이나 놀이터 조경 가꾸기
◆ 방을 다시 꾸미기
◆ 교실을 보다 기능적으로 개선하기
◆ 운동 시간을 일과표에 넣기
◆ 자원 봉사 활동하기
◆ 수족관 만들기
◆ 특별한 한 사람을 위한 하루를 계획하기
◆ 현장 방문 계획 세우기

◆ 조류 연구하기
◆ 학생들의 신체 건강 증진시키기
◆ 피아노 치기
◆ 놀이터 꾸미기

도 입

　가장 넓은 의미로서의 도입은 문제를 정의하거나 목표를 세우는 것이다. 위에 열거된 사항 중 어떤 것은 이미 그 자체가 문제의 정의이거나 목표라고 말할 수 있다. 그러나 진정 만족스러운 결과를 얻으려면 그것이 진실로 그 집단이나 개인이 추구하려는 것인지 아닌지를 공정히 검토할 수 있도록 어떤 주제에 대한 학급 구성원들의 생각이 확장되어야 한다. 둘째로, 문제를 좀더 깊이 관찰하면 궁극적으로 만족스럽고 실질적인 해결책의 열쇠가 될 만한 요소들과, 그 문제를 푸는 데 도움이 될 보다 많은 것들을 알 수 있다. 달리 말하면 우리는 완전한 분석이 가능할 만큼 충분히 목표나 문제를 심사숙고하지 않는다.

　우선, 선택한 주제를 가지고 그것에 대해 느끼는 점을 기술하되, 다음과 같은 사항을 포함하라.

　사람들이 과제를 만족스럽게 성취했다는 것은 무엇을 의미하나?
　왜 그 과제를 맡고 싶어하며, 왜 맡아야만 하는가?
　그 과제를 맡지 않으면 어떤 기분이 될까?

당신 자신이나 외부에 존재하는 어떤 종류의 요인들이 과거에 그 과제에 착수하는데 방해를 했었는가?

달성하려는 목표나 해결하려는 문제를 한두 문장으로 써라.

준 비

문제를 해결하거나 목표를 달성하려는 시작 단계에서 내포된 감정적인 요인들을 가능한 한 표출시키는 것이 도입이라면, 준비는 실제적인 것이라 하겠다. 도입 단계에서는 문제와 씨름하는 과정에서 이따금 생기는 모호한 감정 상태를 치리해야만 하고, 그 과제 달성 욕구를 불러일으키는 적극적인 감정들을 기록해야 한다. 준비 단계에서는 이미 알고 있거나 밝혀내야 하는 문제나 목표들에 대한 실질적인 점들을 모두 노출시켜야 한다. 이미 알고 있겠지만 그 첫번째 부분은 사람들이 충분히 믿으려 하지 않는 문제해결 분야 즉, 자신을 지식의 근원으로 삼는 경우이다.

그렇다면 준비 단계에서는 자료 수집 단계로서, 문제를 해결하기 위한 기반이 되도록 문제나 목표에 관련된 실질적인 정보를 모아야 한다.

첫째, 목표나 문제와 관련해서 이미 가지고 있는 실제의 정보들을 모두 열거하되, 다음 내용들을 포함시켜라.

- ◆ 누가?
- ◆ 무엇을?
- ◆ 언제?
- ◆ 어디서?
- ◆ 어떻게?

둘째, 문제해결을 위해 알아야 할 그밖의 실제적인 정보들을 열거해 보라. 위에 열거된 모든 항목에 대해 그 정보 수집에 이용될 수 있는 가능한 정보원들을 열거하라. 기존에 사용했던 관례적 정보원 외의 비일상적인 정보원을 획득하기 위해 앞에서 배운 아이디어 찾기 기법을 사용하라.

문제해결책 찾기

도입 단계에서 정서적인 정보, 그리고 준비 단계에서 사실적인 정보를 수집하였으면, 목표나 문제를 창조적으로 다룰 수 있는 방법으로 그 본질을 서술하라. 즉 문제해결 찾기 단계에서는 가능한 한 많은 해결책이나 결론에 이르기 위해 확산적인 사고를 적용한 것이다. 이 처음 세 단계가 작용하는 방식의 흐름을 알아보기 위해서 질문 형태로 살펴보자.

1. 도입 단계에서는 '왜' 라는 질문이 필요하다. 이는 문

제에 포함되어 있는 감정적인 요인들을 표출시켜 그 과제를 수행해야 하는 논리적 이유와 수행하고자 하는 욕구를 알려 주기 위해서다. 이는 잠재적인 과제에 관계된 참고사항들을 이끌어 내고 다음으로 넘어갈 수 있게 만든다.

2. 준비 단계에서는 실제 상황을 도입하고 체계화시킨다. 당신이 아는 것과 알 필요가 있는 것을 실제적인 정보 수준에서 명료하게 한다. 그러므로 기사를 쓸 때처럼 누가, 무엇을, 언제, 어디서, 어떻게 라는 질문 형태가 필요하다.

3. 문제해결책 찾기 단계에서는 "어떤 방법들로… 하면 좋을까?"라는 여러 가지의 가능한 해결책을 허용하는 개방적 질문 제기가 필요하다. "어떻게… 할까?"라는 식의 해결책이 하나밖에 없는 듯한 질문 형태가 아니라는 것을 명심하라. 이 단계에서의 목표는 확산적 사고이다. 그리고 이 세 단계를 통해서 상황을 다른 각도에서 보고 최종 해결책을 위한 사고의 확장이 가능하도록 여러 가지 질문을 이용한다.

당신이 지금 수행하고 있는 과제의 주제에 맞추어 "어떤 방법들로…을 하면 좋을까?"라는 식의 질문의 요체를 만들어 백지 맨 위에 써라. 혼자 브레인스토밍 단계를 실행하면서 머리속에 떠오르는 모든 대안들을 빨리 적어 보

라. 처음 시도할 때는 10분 정도가 좋다. 브레인스토밍에
관한 다음 기본 규칙을 철저히 적용시켜서 하라.

판단을 보류하라.
자유롭게 생각하라.
많은 양의 아이디어를 내라.
이미 나온 아이디어를 결합 또는 개선하라.

진부하다고 여겨지는 아이디어가 있더라도 걱정하지
말고 그대로 두라. 후에 다른 것과 결합되어 매우 유용한
아이디어를 만들 수도 있다. 주어진 시간 내에서 사고를
최대한으로 확장시켜라.

10분간 실시한 후 그 일은 접어 두고 잠시 다른 일을
하라. 다시 돌아와서 10분간의 브레인스토밍을 실시하라.
이미 작성한 목록에서 아이디어를 살짝 바꿀 수도 있고,
한 잔의 커피를 마시면서 휴식하거나, 산보하거나, 또는
다른 무엇인가를 할 때 떠올랐던 아이디어들을 원래의 아
이디어에 결합시킬 수도 있다. 추가되는 아이디어들과 보
조를 맞추기 위해 머리속에서 점검표를 만들어라. 최소한
처음 점검표의 2배는 되게 하라.

이 문제해결 찾기 단계에서 사고를 최대한 확장시키려
면 이미 알고 있는 다른 모든 아이디어 찾기 기법들을 사
용할 수 있다. 그리고 타인의 생각을 반영시키고 싶으면,

함께 브레인스토밍을 자발적으로 할 사람을 찾아라. 당신이 그 집단으로부터 아이디어를 얻고자 한다면 이미 혼자서 해 놓았음을 이야기할 것이 아니라 그들이 브레인스토밍을 위해 모여 있다는 확신을 가지게 해야 한다. 또한 당신의 문제에 관한 그들의 질문에 기꺼이 대답하라. 그러면 가능한 해결책을 찾는 데 많은 참고가 된다.

평 가

이제 여러 개의 아이디어 중 적절한 것을 선택할 때이다. 즉 모든 노력을 다 기울여 창출한 아이디어들 가운데 이제 실천에 옮기기에 가장 적합한 것을 찾아야 한다.

평가란 까다로운 작업이다. 가부·선악같은 양단 논법 속에 빠져 정말로 고려할 만한 가치가 있는 아이디어를 제외시켜 버려서는 안 된다. 평가과정을 시작하기 전에, 문제해결책 찾기 단계에서 만들어진 모든 아이디어들이 적힌 목록을 살펴보라. 그리고 그 아이디어들을 검토하는 동안 필요한 의견이 떠오르면 생생할 때 즉시 적어 놓으라. 어떤 약호나 기호는 그 당시에는 명확했어도 시간이 지나면 애매해지고 만다.

아이디어 목록이 너무 광범위하면, 작업이 가능한 정도로 범위를 줄이는 검색 작업이 필요하게 된다. 그러나 현재 상황에서 아무리 우스꽝스럽거나 실현 가능성이 없는 아이디어라 할지라도 완전히 없애 버리지는 말아야 한다.

나중에 혹은 다른 장소에서 약간의 수정을 거쳐 아주 가치있는 것이 될 수도 있기 때문이다. 초기의 검색 작업은 완전히 직관으로 이루어 진다. 목록을 훑어 보고 현재 실현 가능성이 있는 것 중에서 솔깃한 아이디어들을 골라내라. 선택하는데 자신이 너무 엄격하다고 생각한다면 균형상 몇 개의 '엉뚱한' 아이디어도 집어 넣어라. 다루기 수월하도록 아이디어를 25개 이하로 하라.

성공적인 평가 작업의 열쇠는 각 아이디어의 가능성을 공정하게 판단할 수 있는 기준을 만드는 데 있다. 각 기준은 그 아이디어가 실행될 경우 영향을 받을 대상에 따라 달라진다. 이런 종류의 결정을 할 때에는 진행 중인 프로젝트를 전반적으로 염두에 두고, 누가, 무엇이 그 결정에 의해 영향을 받을지를 판단해야 한다. "누가 영향을 받을까?"를 염두에 둔 기준과, "무엇이 영향을 받을까?"를 염두에 둔 기준을 각각 만들어 보라. '누가'에 해당하는 목록에는 자신을 반드시 포함시키라. 사실상 어떤 경우에는 모든 기준에 자신을 포함시킬 수도 있다. 예를 들면 개인 프로젝트의 경우 자신의 시간, 예산, 신체적 조건, 정신 상태 등을 기준 속에 포함시켜야 할 것이다. 기준들의 가중치가 항상 모두 같지는 않을 것이다. 최종 결정을 할 때에는 이런 가중치 부여를 고려하라. 기준은 대여섯 가지 정도를 이용하라.

커다란 종이에 강제 결합법에서와 같이 가로 세로 행

렬 모양을 그려라. 초기 검열에서 통과한 아이디어들을 표의 왼쪽에 일렬로 써 내려 가라. 상단에는 정해 놓은 기준들을 가로로 써라.

기준에 가중치를 부여하려면 '×2' 또는 '×3' 같은 식으로 그 기준 옆 공백에 써 넣어라(다음 페이지의 예를 참조).

점수를 매기는 방식이 가장 처리하기 용이하다. 다음과 같은 점수를 이용하면 좋다.

◆ 5=매우 우수함
◆ 4=우수함
◆ 3=보통
◆ 2=나쁨
◆ 1=아주 나쁨

평균 점수가 '3'이라면 그 아이디어는 '채택되기 힘들' 것이다. 점수를 정할 때 세로 방향으로 순위를 써 내려가라. 그런 방법이 한 가지 기준을 설정해 아이디어를 서로 비교할 때 편리하다. 수평으로 점수를 매기면 줄곧 한 가지 아이디어만 선호하거나 배척하기 쉽다. 수직 방향으로 기록하면 가중치를 둔 기준을 처리하기도 쉽다. 1번 기준으로부터 시작해서 각 아이디어마나 기준에 의해 정해진 점수를 써 내려 가라. 1번 기준에 대해 모든 아이디어의 점수를 매긴 다음, 나머지 기준들에 대해서도 같

기준 아이디어	×2 1	2	3	×3 4	5	6	총계
1							
2							
3							
4							
5							
6							
7							
8							
9							
10							

은 방법으로 채점하면 된다.

모든 아이디어가 모든 기준에 의해 평가되었으면 각 아이디어마다 수평으로 점수를 더해서 총계를 오른쪽 끝에 써라. 가장 높은 총점의 아이디어 세 개 또는 다섯 개에 동그라미를 하여 어느 아이디어가 가장 높게 평가되었는지 알아보라. 전혀 예상치 못했던 아이디어가 가장 높은 점수를 받은 것을 보고 놀랄지도 모른다. 그러나 이 완성된 행렬표는 어떤 아이디어가 실행에 옮겨질 때의 효과를 예견할 수 있는 가장 훌륭한 자료가 된다. 전체의 평가 과정은 여러분이 모든 아이디어에 대해 보다 객관적이 되도록 한다.

실 행

실행에 옮기지 않으면 위에서 언급한 사항들은 아무 쓸모가 없다. 그러나 다행히도 우리는 실행시키고자 하는 프로젝트에 위 과정들을 적용해 왔으므로 이제 그렇게 하면 된다. 지금까지 문제나 목표를 신중하게 진행시켜 왔으므로 성공할 가능성은 아주 높다. 제 3단계인 문제해결책 찾기에서 창출된 아이디어를 즉각 실행하고 싶은 충동에 빠질 수도 있다. 그러나 훌륭한 단계별 평가는 실행시의 성공률을 훨씬 높여 준다. 우리는 이 시점에서 다섯 단계, 모두 정적(靜的)이 아니라는 것을 명심해야 한다. 예를 들어 현명한 문제해결자라면 3단계에서 작업하다가 1단계, 2단계에서 절대적으로 필요한 정보를 발견할 수도 있다. 그런 경우 1단계나 2단계로 돌아가서 그 정보를 첨가해 넣는다. 특히 광범위하거나 매우 복잡한 프로젝트에서는 처리과정이 순환하는 성격을 가지고 있다는 것을 항상 명심해야 한다.

실행은 계획을 세워서 하되, 그 계획은 아주 세밀할 필요는 없지만 체계적이어야 한다. 실행 계획에 적합한 다음 질문들 중에서 프로젝트의 성격에 맞는 것을 골라라.

1. 가장 먼저 실행되어야 할 일은 무엇인가?
2. 관련된 사람은 더 없는가?
3. 다른 사람에게 내 아이디어를 알려 주고 확신을 심

어 줄 필요는 없는가?

4. 확신을 심어주는 데 어떤 전략을 써야 하는가?

5. 계획을 세우기 위해서는 무엇이 필요한가?

6. 계획표를 수정해야 할 필요는 없는가?

7. 이 아이디어를 실행시키기 위해 다른 무엇을 희생시켜야 하는가?

8. 언제 시작하는 것이 좋은가?

9. 계획에 대한 관심을 야기시킬 장소는?

10. 어떤 실행 순서가 가장 좋은가?

상황에 맞는 다른 질문들도 덧붙여 보라.

당신의 노력에 보람의 열매가 맺기를…

보다 주관적인 문제에 적용되는 과정

관심사가 보다 객관적일 때는 주관적이거나 개인적일 때보다 제2의 창의성의 과정이 보다 쉽게 적용될 수 있다. 그러나 개인적인 문제에서는 감정이 더 큰 역할을 한다. 자신이 직접 관련되어 있고, 개인적으로 심각한 문제일수록 문제해결책 찾기 단계에서 자신의 주관을 배제하기 어렵고, 또 문제점이나 목표를 명쾌히 밝혀 내기도 어렵다. 그런 경우는 만족스럽고 성공적인 해결책에 도달하

기 또한 쉽지 않다.

　문제해결의 걸림돌이 될지도 모를 이 부정적 요인들을 혼신의 힘으로 막아야 한다는 전제하에, 객관적 문제에 대처할 때처럼 주관적 문제에서도 성공하기 위해서 다음 다섯 단계 과정을 적용하면 목표를 달성하거나 문제를 해결하는 체계적이고 접근 가능한 방법을 찾게 될 것이다. 절차를 밟을 때 자신의 감정도 중요하지만 체계화 그 자체는 객관적으로 주체에 접근할 수 있도록 해 준다.

도 입

　주관적이 문제는 문제 자체를 정의하기도, 명쾌하게 표현하기도 힘들고, 그 개념도 모호하다. 그러므로 자신이 성취하고 싶은 것이 무엇인지 명확히 규정할 필요가 있다. 관심사를 글로 쓰거나 말로 표현하면 문제가 분명해진다. 종이에 쓰는 것이 어려운 사람은 테이프에 녹음하는 것이 좋다.

　1. 의식의 흐름 방식에 따라 30분 내지 45분 동안 달성하려는 목표와 관련된 모든 것을 적어라. 그것에 대한 자신의 감정, 다른 사람들의 생각, 실제적인 정보, 의심스러운 것들, 그리고 원인과 결과 등을 포함해서 적어 보라. 문장 형태나 짜임새, 철자 따위에는 신경을 쓰지 말라. 자신의 생각이나 느낌을

기록하는 것이 중요하다. 더 이상 쓸 것이 없으면
이미 써 놓은 것을 다듬어라.

2. 잠시 기록하는 것을 멈추고 가능하면 별로 사고를
요하지 않는 신체적인 활동을 하라.

3. 되돌아와서 최소한 15분 정도 하고 싶은 말을 덧붙
여 써라.

4. 완성된 내용 중에서 매우 중요하다고 여겨지는 것
에 컬러펜으로 'A'라고 표시하라. 조금 덜 중요한
것에는 'B'를, 현재로서는 삭제하는 것이 좋다고 생
각되면 'C'를 표시하라.

5. 다른 종이에 'A'로 표시된 것들을 1열에 적고 'B'
로 표시된 것들을 2열에 적어라.

6. 각 열마다 가장 중요한 것부터 '1번'으로하여 중요
도를 부여하라.

7. 중요 요소들에 밑줄을 그어라.

8. 밑줄 그은 것들을 이용해 제3자 입장에서(자신의 이
름, 그 남자, 그녀 등의 낱말을 사용하여) 새로운 이야
기를 써라. 새로운 이야기는 중요한 순서대로 쓰며
오직 사실만을 담고 있어야 한다. 의견이나 수식어
(형용사, 부사)의 사용을 피하라.

9. 목표를 달성하거나 문제를 푸는 데 필수적인 요소
인데도 새로운 이야기에 빠진 사실은 없는가? '누
가', '무엇을', '언제', '어디에서' 등 알아야 할 질

문의 목록을 만들어라. 질문 뒤에 대답을 얻을 수 있는 정보원을 모두 열거하라.

10. 사실적 형태의 질문을 "어떤 방법들로⋯ 하면 좋을까?"와 같은 창의적 형태의 질문으로 변형시켜라.

11. 가장 먼저 처리하고 싶은 창의적 형태의 질문을 골라라.

주관적인 문제를 다룰 때의 도입 단계는 보다 객관적인 문제를 다룰 경우의 준비 단계와 문제해결책 찾기 단계에서 행하는 몇 가지 절차들을 포함한다. 개인적인 문제를 다룰 때에는 사람들은 단지 문제가 무엇인지만 파악하려고 해결을 단념하는 경향이 있기 때문에 의도적으로 첫번째 단계에 포함시킨 것이다. 이와 같은 주관적인 성격의 문제에서 사람들은 명쾌히 정의는 되어 있지만 손댈 수조차 없을 정도로 엄청나다고 느끼곤 한다. 비록 성가시긴 하지만 도입 단계에서의 절차들은 각 개인으로 하여금 문제로부터 가능한 한 멀리 벗어나고, 이 단계의 끝에서 다음 단계가 명백히 나타나게끔 고안되어 있다.

준 비

준비 단계에서는 자신이 원하거나 이미 필요하다고 밝혀진 정보들을 수집하는 작업을 한다. 창의적 형태의 질문을 하는 것은 가능한 정보를 활용해서 좀더 사고의 폭

을 넓히기 위한 것이다. 자신을 불필요하게 제한시키곤 하는 분야가 바로 이 분야이다. 내가 가르친 어떤 학생은 직업별 전화번호부를 통해서 자기 직장을 결정했다.

여러분이 제기했던 사실적인 문제를 해결하는 데 얼마의 시간이 걸리든 계속하라. 자신이 찾은 실제 정보는 최종 결론으로 이끄는 데 많은 도움이 될 것이다. 정보가 많으면 많을수록 더 오랫동안 그것들과 씨름해야만 될 것이다. 왜냐하면 여러분은 주제에 관한 지식과 깨달음으로 가는 새로운 문을 막 여는 순간이기 때문이다. 해결책 찾기 단계에서 대답을 찾기 위한 질문들이 준비 단계에서 잘 정리되었기 때문에 해결 전망은 한층 더 커질 것이다. 자신의 노력이 피상적이라면 결과도 그럴 것이고, 깊이 연구했다면 결과도 그렇게 나올 것이다.

문제해결책 찾기

브레인스토밍 과정을 위해 주 질문과 하위 질문들을 준비하라. 만약 집단 브레인스토밍을 하려고 한다면 항상 실시 전에 혼자서 브레인스토밍을 해 보라. 이것은 크게 두 가지 역할을 한다. (1) 자신을 아이디어의 근원으로 삼음으로써 외부에만 의존하지 않을 것을 계속 주지시켜 준다. (2) 여러분으로 하여금 구성원들이 해야 할 일을 보다 잘 설명할 수 있게 한다.

집단 토의를 준비할 때, 여러분이 요구하는 것이 무엇

인지 집단이 정확히 파악할 수 있도록 창의적 형태의 질문으로 시작하는 문장을 만들어라. 집단이 제기하는 모든 질문에 대답해 주어라.

다른 아이디어 찾는 기법이 적용 가능하다면 그것도 사용하라. 필요하거나 바람직하다고 생각될 때 주제를 중요한 부분과 그렇지 않은 부분으로 구분해 보라. 여러분이 제기했던 몇 가지 질문들은 다른 질문에 대답하려고 노력하다보면 저절로 답이 나올 수도 있다.

평 가

일차적인 김열과 메드릭스의 평가를 적절히 적용하고, 주관적인 문제에서의 기준 선정에는 특별히 주의를 기울여야 한다. 기준을 정하는데 브레인스토밍을 사용하는 것은 전 영역을 포괄할 수 있어 좋다. 이 단계에서는 창출된 모든 아이디어를 공정하게 처리하고, 주제의 개별적 특성에 기인한 성급한 판단을 피해야 한다.

실 행

최선을 다해 실행 계획을 세우라. 확실히 성공할 수 있도록 미리 올바른 질문을 하라. 그리고 모든 방법을 동원해서 실행에 옮겨라.

어린이를 위한 문제해결 과정

문제해결 과정을 어린이에게 적용할 때는 학급에서 실천코자 하는 목표나 학교에서 일어나는 문제 등 전원의 공동 관심사를 다루는 것이 좋다. 다음과 같은 것들이 그 예이다.

- ◆ 분실물을 어떻게 취급할 것인가
- ◆ 학급의 자질구레한 일들을 공평하게 분담하는 방법은 무엇인가
- ◆ 방학 동안 화분에 물 주는 일을 어떤 식으로 할 것인가
- ◆ 어떻게 하면 쉬는 시간에 놀이 기구를 모든 학생이 공평하게 사용할 수 있을까
- ◆ 아침에 학생들이 교실에 들어가는 방법을 어떻게 개선할 수 있을까
- ◆ 학부모 초대의 밤을 어떻게 준비하나
- ◆ 가난한 어린이에게 장난감 나눠 주기는 어떻게 할 것인가
- ◆ 단체 프로그램은 어떻게 계획할 것인가

도 입

우선 집단으로 시행하려는 프로젝트나 꼭 해결해야 하는 학급 문제의 목록을 만들어라. 시작할 수 있도록 몇 가지 예를 보여 주어라. 교사의 사정에 따라서는 해야 할 작

업의 주제를 처음부터 선정해 놓는 것이 적합할 때도 있다. "아침에 학생들이 교실에 들어가는 방법을 어떻게 개선할 수 있을까"라는 예를 가지고 과정을 설명해 보겠다.

교사는 그 주제에 관해 자신의 의견을 말하거나 학생들에게 관심사가 무엇인지 물어 보면서 시작한다. 유사한 것을 반복해서 지적하지 않아야 하고, 문제해결의 틀 안에서 주요 관심사에 관해 학생들이 객관성을 가질 수 있게 해 주어야 한다. 관심사를 자세히 설명하다 보면 하위 문제들이 나오게 된다. 하위 문제들을 열거해 놓고 그 하나하나가 보다 큰 문제의 독립된 요소들임을 이야기 하라. 하위 문제들은 고함소리, 밀기, 우르르 한꺼번에 교실로 들어가려는 학생들, 여기저기 떨어진 책들, 신발을 벗으려 할 때 서로 뒤엉키는 것, 잊고 간 도시락을 가져다 주는 형이나 누나, 종이 친 후에도 놀고 있는 것 등이다.

문제해결의 도입 단계는 주 관심사에 내재된 감정적인 요인들을 밖으로 표출하는 것이다. 아마도 혼란스럽거나 불행한 기분들이 대부분일 것이다. 그 기분들을 세분해 보면 아주 사소한 일들 때문에 불쾌해진다는 사실을 학생들은 깨닫게 된다. 또한 작은 문제들은 분리해서 따로따로 다루다 보면 문제는 쉽게 해결될 수 있다. 하위 문제들의 존재를 깨달으면 다음 준비 단계에서 필요한 실질적인 정보에 도움이 된다.

준 비

이 단계에서는 실질적 정보의 차이뿐 아니라 알려진 사실을 취급한다. 사실과 의견, 사실과 추측, 사실과 소문 간의 차이들을 검토해 보면 많은 도움이 된다. 그 다음엔 학생들에게 하위 문제들을 살피고 어떤 것들이 사실인지 파악하게 하라. 모든 것이 사실일 수도 있다. 그들이 혹 다른 사실을 염두에 두고 있지는 아니한가? 이 시점에서, 하위 문제로서 열거된 실제 상황을 둘러싸고 있는 사실들을 볼 수 있도록 도와 주어라. 보다 많은 정보를 얻을 수 있도록 다음과 같은 것들을 예로 들면서 도와 주어라.

◆ 수업 시작 종 올리는 시간
◆ 버스 도착 시간
◆ 도보 통학생들의 도착 시간
◆ 종이 울리기 전 밖에서 어린이들이 하는 것들
◆ 궂은 날씨에 대비한 학교의 비상 규칙

그 다음 단계는 알고 싶은 다른 사실들이 있는지 물어 보는 것이다. 그들이 제기하는 모든 사실적 질문마다 그들에게 어디서 혹은 누구로부터 대답을 들을 수 있는지 알아내게끔 하라. 자원한 학생들 또는 지적된 학생들은 그 대답들을 다음 단계에서 제시한다.

문제해결책 찾기

학생들이 수집한 실질적 정보나 찾아 낸 하위 문제들
에 대해서 창의적 질문 형태로 말하게 하라. 소집단으로
나누어 또는 학급 전체가 공동 실행할 수 있는 특정 질문
을 택하라.

브레인스토밍, 속성 열거법, 또는 그밖의 적합한 아이
디어 찾기 기법을 적용하라.

평 가

소집단이나 학급 전원에게 자신의 아이디어 평가 기준
을 만들도록 하라. 자신이 낸 아이디이에 대해 '투표' 했
을 때의 결과와 펑가 기준에 채점된 결과와는 차이가 있
음을 아는 것은 좋은 경험이 된다. 각 기준을 선정할 때
'…에 대한 효과' 라는 구절을 덧붙여라. 이는 어린이들이
기준의 정체를 파악하는 데 도움이 될 것이다. 어린이들
로서는 어떤 기준에 가중치를 부여하는 일이 어려울지는
몰라도 메트릭스 평가 양식을 사용하는 것은 그렇게 어렵
지 않을 것이다. 첫번째 평가 작업에서는 대상 어린이들
의 나이와 능력에 따라 기준은 서너 가지로, 평가할 아이
디어는 10개에서 20개 사이로 제한하라.

실 행

어린이들은 최고라고 평가된 아이디어에 대해 구체적

인 행동계획을 짜면서 즐거워할 것이다. 무엇부터 해야 할지, 책임 분담을 어떻게 할 것인지 등을 토의하고 결정하는 것은 좋은 경험이 된다.

이런 과정은 교사에게도 교육방법 계발에 좋은 경험이 되어 왔다. 두말할 필요도 없이 어린이들의 창의적 사고 능력 신장 외에도 접근해야 할 학습 경험 형태는 많이 있다.

제 10 장

감수성 기르기

이 난은 당신의 창의성 모음을 위한 터입니다.

　문제를 해결하는 방법을 아무리 잘 알고 있어도 문제 자체를 제대로 인식하지 못한다면 아무런 쓸모가 없다. 목표를 달성하는데 사용하는 수단도 아무런 목표를 갖지 못한 사람에게는 쓸모가 없는 것처럼 말이다. 우리는 지금 세계적인, 또는 범 우주적인 문제들로부터 개인적인 문제에 이르기까지 수많은 문제에 둘러 싸여 있다. 세계적인 기근, 질병, 에너지, 자원, 공해, 냉전, 전쟁, 인구 폭발, 통화 제도, 편견, 탐욕, 범죄, 자연 재해 등의 문제들이 무수히 널려있다. 또한 국가적인 문제나 지역적인 문제뿐만 아니라, 가족 문제, 친구 문제, 개인 문제도 있다. 문제의 수만큼이나 해결해야 할 목표도 많은 것이다.

　모든 사람이 감수성을 길러야 할 필요가 있는 것은 아니다. 너무 예민해서 문제가 있다는 것을 느끼는 순간 겁에 질려 거의 마비 상태가 되는 사람도 있는데, 이런 부류의 사람들은 보다 능동적이고, 보다 목표 지향적인 사람이 되도록 도와 주어야 한다. 보통의 감수성을 지닌 사람들은 그들이 느끼는 문제 해결의 필요성과 그들의 능력 사이에서 절충을 시도한다. 마지막 부류의 사람들은 오랜 습관에 기인하거나, 민감하게 반응해 볼 기회가 없어 무감각한 사람들이다. 그 중에는 심리적으로 무감각이 깊이 뿌리 박혀 있는 사람들도 있고, 오랜 경험에서 비롯된 무감각이 생존을 위해 필수 사항이 되어온 사람들도 있다. 하지만 이에 대해 우리가 아무런 가치 판단도 내릴

수 없다.

앞으로 논의하려는 것은, 스스로가 주위 상황을 인식하는 감각도를 높이려 하는 사람, 문제해결의 기회를 포착하고 의미 있는 목표를 설정하고자 하는 사람, 자신의 내부에 존재하는 무가치, 권태, 무기력, 같은 증세와 맞서 싸우려는 사람, 특히 교사나 학부모에게 더욱 필요한 내용이다. 어린이가 좀더 적극적이고 건설적인 감정 상태를 갖는 데 도움을 주고 싶은 경우에도 유익할 것이다.

개인적인 욕구이든, 지역 사회 혹은 사회 전체의 욕구이든 간에 어떤 욕구가 있다는 것을 인식하는 것 자체는 창의적 교육재단의 Sidney J. Parnes가 말하는 '건설적인 불만'을 발전시키는 것이다. 사람들은 자신의 욕구를 인식하고 나면 그 욕구를 성취하려 한다. 나는 "내 주위에서 무감각하게 여겨지는 것에 대해 무언가를 하는게 좋겠지만 하고 싶은 생각이 없어"라고 자주 얘기하던 중학교 1학년 소년이 생각나곤 한다. 후에 설명되는 내용은 당신의 목표가 무엇이든 간에 욕구 인식과 해결 기회의 문을 활짝 열어 줄 것이다.

처음 이 세 가지 활동은 여러분이 직접 해 보라. 나머지 일곱 가지 활동은 고등학생이나 대학생 또는 성인을 위한 것이다.

인 식

1. 어제 신문 : 어제 신문을 자세히 읽고 문제가 될 만한 사건의 머리 기사를 빈 종이에 하나씩 써라. 그리고 내용에 따라 다음과 같이 머리 기사를 분류하라.

  A. 외계나 우주에 관한 문제
  B. 국제적인 문제
  C. 국가적인 문제
  D. 시(市) 문제
  E. 구(區) 문제

다음에는 영향을 받는 사람의 숫자에 따라 다시 구분하라.

  1) 백만 명 이상
  2) 천 명 이상
  3) 백 명 이상
  4) 열 명 이상
  5) 열 명 미만

아직도 문제가 해결되지 않았으면 그 결과의 심각성에 따라 순위를 정하라.

a. 극도로 심각함

b. 매우 심각함

c. 심각함

d. 약간 심각함

e. 별로 심각하지 않음

2. 오늘 신문 : 오늘 신문이나 아직 보지 않은 잡지를 꺼내 기사 내용을 읽기 전에 사진과 사진 설명문 그리고 머리 기사만을 읽어라. 그 머리 기사나 설명문이 무엇을 의미한다고 생각되는지 각각 다른 빈 종이에 적어 보라.

3. 저녁 뉴스 : 오늘 저녁 TV 뉴스를 보면서 문제성이 없는 것만을 기록해 보라. 일기 예보를 잊지 마라.

4. 공공 장소 : 은행, 우체국, 공원, 버스 정류장, 극장 등 공공 장소에 가서 사람들을 살펴보라(엿듣지 말고). 그들의 얼굴 표정이나 몸짓, 자세를 보고 그들이 무엇을 생각하고 느끼고 있는지 추측해 보라.

어린이를 데리고 공공 장소에 갔을 때 어린이들에게 사람들로부터 좀 떨어져서 그들의 얼굴 표정이나 몸짓을 보고 생각이나 감정을 추측해 보도록 하라. 즐거운지, 슬픈지, 화가 났는지 말해 보도록 하고, 왜 그렇게 생각하는지 물어 보라. 학교에서 해 보는 창의적인 연극은 다른 사

람들의 생각이나 감정을 감지하는 능력을 발달시키는 데 아주 좋다. 두세 명의 어린이에게 무언극을 하게 하고 나머지 어린이에게는 이들의 생각과 감정을 짐작케 해 보라. 무언극에 이용할 상황은 두 사람이 차 안에서 이야기하는 것이라든가, 무릎에 상처가 나 울고 있는 어린이를 어머니가 달래고 있는 것이나, 어린이 셋이 해변에서 모래성을 쌓는 것 등 아주 단순한 것이 좋다. 어린이들로 하여금 그런 상황에 맞추어 전체 줄거리를 꾸며 보도록 하라. 즉 현재의 상황만 보고 전후의 일을 짐작해 보도록 하는 것이다.

5. 음악 : 한 번도 들어 본 적이 없는 음악을 들어 보라. 가능하면 여러 종류의 음악이 좋다. 작곡가가 그 음악을 쓸 때 어떤 감정이었을까 질문해 보라. 그러한 감정에 관해 어린이와 함께 이야기도 해 보고 그 음악의 분위기를 어린이가 연기하거나 그림으로 표현케 하라.

6. 미술 : 화랑이나 그림책에서 추상화 및 작품을 감상해 보라. 화가는 그의 그림을 통해 어떤 분위기를 전달하려 하는가? 그림의 어떠한 점이 그런 분위기를 느끼게 하는가?
어린이들과 함께 사실파나 인상파의 그림에 대해서도 마찬가지로 해 보라. 그림 속에 인물이 있으면 그 인물의

자세나 얼굴 표정 이외에 어떤 점이 그 그림의 분위기를 그렇게 느끼게 하는지 찾아 보라. 색상, 그림자, 물체의 선택, 주위 물건들에 대한 인물의 상대적 크기 등을 고려해 볼 만하다.

7. 경치 : 평화로운 시골 풍경이나 도시의 조용한 아침 거리를 마음 속으로 그려 보라. 곧 발생할 것으로 생각되는 문제나 이미 존재하는 문제를 추측해 보라.

어린이들과 함께 이런 활동을 할 때는 그들이 자주 보아서 익숙한 풍경을 이용해야 한다. 감수성을 발달시킨다는 것은 발생할 가능성이 있는 문제를 잘 예견하고, 문제에 능동적으로 대처하는 능력을 키우는 것을 말한다. 학교에서 어린이와 같이 훈련할 때에는 점심 식사 전의 학교 식당이나 단체 학습 시간 전의 빈 강당이나 쉬는 시간 전의 텅빈 놀이터나 텅빈 주차장 같은 곳의 모습을 사용할 수 있겠다. 어린이들에게 과거의 경험에 비추어 그러한 장면에서 어떤 일이 일어날 것이라고 예상하는지 상세히 말하게 하라. 그리고 "그 밖에 무슨 일이 일어날 수 있을까?"하고 물어 보라. 이런 활동을 통해 상상력과 예측 능력이 신장된다.

8. 단편 소설 : 모르는 단편 소설의 한 토막을 읽고, 어떤 인물이 등장했거나 사건이 발생한 경우, 다음 장면에

서 어떤 일이 벌어질지 추측해 보라. 어린이들에게는 아동 소설을 주고 같은 활동을 한 다음 자신의 추측을 뒷받침할 단서를 어느 부분에서 찾아 냈는지 물어 보라. 이러한 활동은 실마리를 찾는 능력을 길러 준다. 아동 추리 소설은 이런 경우 좋은 교재가 된다. 어린이들이 이러한 훈련을 두려워하지 않게 된 다음에는 부차적 차원의 감수성을 포함시켜도 된다. 어린이들을 소집단으로 나누어 그 이야기가 어떻게 끝날지 집단별로 의견을 제시토록 하라. 이러한 훈련들은 상대방에 대한 감수성을 발달시키는 좋은 기회가 된다.

9. 일상적인 일들 : 아래에서 설명된 각 상황 후에 일어날 수 있는 문제가 무엇인지 추측해 보라.

1) 여름 한낮에 소년이 개를 데리고 강둑에 앉아서 낚시를 하고 있다.
2) 어떤 은행원이 지난 20년간 그래왔듯이 지하철에서 내린다.
3) 어떤 성직자가 예배를 시작하려 하고 있다.
4) 어떤 선생님이 아침 조회를 하고 있다.
5) 두 명의 30대 남자가 차 속에 앉아 신호등이 바뀌기를 기다리고 있다.

어린이들은 아래의 상황을 가지고 하는 것이 적합하다.

1) 어느 소녀가 집 앞에서 학교 버스를 기다리고 있다.

2) 어느 소년이 마을 수영장 문 밖에서 개장 시간을 기다린다.

3) 아버지께서 출근하려고 집 밖으로 걸어 나오고 계신다.

4) 보모가 아기의 부모와 문 밖에서 작별 인사를 나누고 있다.

5) 아침에 목수가 일터로 가고 있다.

10. 다른 사람의 입장 되어 보기 : 우리는 "만약 내가 … 라면"이라는 말을 하곤 한다. 잠시라도 다른 사람의 입장이 되어 보자.

1) 오늘 하루는 눈을 가리고 점심 식사를 해 보라.

2) 소리를 꺼 놓고 TV 드라마를 보라.

3) 반나절 동안 휠체어를 타고 지내 보라.

4) 반나절 동안 입을 다물고 다른 사람과 의사 소통을 해 보라.

5) 친구나 배우자와 서로 역할을 바꾸어서 하루를 지내 보라.

6) 어린이와 하루 동안 역할을 바꾸어서 생활해 보라.

어린이들이 다른 사람의 형편을 이해하는 것을 돕기 위해 위와 같은 활동을 할 때는 상황을 신중히 선택해야 한다. 만약 학급에 장애인이 있다면 장애인과 관련된 1번에서 4번까지의 활동은 피하거나 수정되어야 한다. 또한 어린이들이 그와 같은 활동을 할 때는 겁에 질리지 않도록 특별히 신경을 써야 한다. 예를 들면 눈가리개를 하고 몇 분 동안 활동하거나 소리를 끄고 T.V를 보는 것 등은 대상 어린이의 나이나 성숙도에 맞추어서 행해지기만 한다면 장애인 친구에 대한 이해와 우정을 다지는 데 아주 효과적이다. 다른 사람의 입장이 되어 보는 활동에는 다음과 같은 것도 있다.

1. 그 학교에 처음 온 학생인 것처럼 행동해 보라.
2. 학교 버스 운전 기사에게 학생들의 안전에 대해 어떻게 생각하는지 물어 보라.
3. 학교 식당 종업원이나 환경 미화원에게 자신의 직업을 어떻게 생각하고 있는지 질문해 보라.
4. 어린이가 외아들이라면 형제가 많은 아이들에게 그들의 가정생활에 관해 물어 보게 하라. 반대의 경우도 마찬가지이다.
5. 어린이가 아파트에 살고 있으면 단독 주택에 사는 어린이들과 서로의 집에 대해 이야기하게 하라.
6. 학교 버스를 이용하고 있으면 걸어서 통학하는 어린

이들과 그것에 관해 이야기해 보도록 하라.

초 점

비록 우리가 직접 관련된 문제라 하더라도 너무 애매하거나 복잡하거나 조사 가능 범위가 제한되어 있거나 접근이 불가능한 경우가 많다. 이럴 때에는 쉽게 포기하는 법이다.

애매한 경우란, 무엇인가 잘못되어 있기는 한데 꼭 집어 낼 수 없는 경우를 말한다. 이런 경우 당신은 그 목표를 파악하기 힘들고 불안감을 느끼기 쉽다. 9장에서는 제 2의 창의적 과정을 적용시켜서 주관적이고 개인적인 문제를 언어로 표현해서 구체화시키는 시도를 해 보았다. 애매한 감정을 구체화시키는 데에도 유사한 방법을 쓸 수 있다. 앞에서와 같이 30분 이상의 시간을 정해서 그 상황에 관해 느낀 점을 기록하거나 녹음하라. 그런 느낌 외에 알고 있는 것이나 생각하고 있는 것을 모두 기록하라.

시간이 다 되었으면 멈추고 다른 일을 하라. 잠시 후 다시 돌아와서 최소한 15분 동안 이미 기록한 것에 덧붙일 말이 있으면 써 넣어라. 보다 상세하게 표현하기 위해 노력하라. 덧붙인 표현이 중복된 감이 있더라도 다른 말로 표현해 보는 것 자체가 유익한 것이다.

다음에는 기록이나 녹음 내용에 있는 사실 또는 감정 표현을 사용해서 "어떤 방법들로 …하면 좋을까?"라는 말로 시작되는 확산적 질문을 가능한 많이 만들어 보라. 이런 질문 끝에는 다음과 같은 표현이 덧붙여질 수 있다.

- ◆ 도움이 될 만한 것을 발견했는가?
- ◆ 상황에 대처하기 위해 내가 가진 정보나 기술을 사용했는가?
- ◆ 어떤 다른 정보원을 발견했는가?
- ◆ 이 문제를 좀더 구체적인 하위 문제들로 나누어 보았는가?
- ◆ 내가 사실이라고 지금까지 생각해 온 것을 재검토해 본적이 있는가?
- ◆ 내가 사용했던 모호한 감정 표현을 좀더 정확하고 구체적인 표현으로 바꾸었는가?

이밖에 여러분 나름대로 덧붙일 표현들을 더 만들어 보라. 그리고 각 질문마다 브레인스토밍 방법을 사용해서 애매한 것이나 희미한 것을 명쾌하고 뚜렷하게 목표를 파악할 수 있도록 하라.

어린이들은 무엇이 잘못되었는지를 정확히 알 수 없을 때 움추려 들곤 한다. 그 모호한 상황을 말로 표현해 보게 하면 문제 파악에 도움이 된다. 그들이 말할 때 무엇이 사실이고 무엇이 감정인지 잘 들어 보자. 감정과 사실을 구

분할 수 있도록 하기 위해 요점이 될 만한 표현을 반복하는 것은 어린이들로 하여금 자신이 한 말을 파악하게 해주는 효과도 있다. "지수가 네 공을 빼앗아 갔다"라는 표현과 "너는 무척 화가 났다"라는 말을 반복해 주면 어린이들은 자신들의 생각이나 감정을 정리할 수 있게 된다. 그 다음엔 그들이 어떤 또 다른 생각을 할 수 있는지 물어 보라. 이때 "어떤 방법들로 …하면 좋을까?"라는 질문들을 만들고, 그 중 한두 가지 이상을 가지고 브레인스토밍하게 된다. 이러한 좌절의 상태에서 초점을 둔 명확한 상태로의 전이 과정은 어린이에게 환경을 통제할 수 있는 자신감을 찾게 해 준다.

너무 복잡해 보이는 문제는 여러 개로 나누어서 해결하는 것이 좋다. 앞에서 우리는 일간 신문의 머리 기사를 세 가지로 구분해 보았다. 이번에는 비교적 큰 범위의 머리 기사 한 개를 선정해 그 머리 기사의 표현만을 이용해서 여러 개의 있을 수 있는 하위 문제들을 열거해 보라. 다음으로 범위의 크고 작음에 상관 없이 몇 개의 머리 기사를 골라 같은 연습을 해 보라.

이번에는 머리 기사에서 찾아낸 하위 문제들을 일렬로 배열해서 문제에 체계적으로 접근해 보라. 즉 어떤 문제를 먼저 해결해야 하는지를 결정해 보라.

문제의 정의를 제한해 놓으면 그 해결책도 따라서 제한된다. 즉 문제를 정의할 때 사용하는 단어, 특히 동사

때문에 해결방법이 선택의 여지가 없어질 때도 있다. 예를 들어 당신이 이런 저런 이유로 쓰기 곤란한 편지를 계속 미루고 있었다고 가정하자. 이런 경우 "어떻게 이 편지를 쓸까?"라고 말하는 것보다는 "어떻게 내 의사를 전달할 것인가?"라든지, "어떻게 이런 생각, 감정, 정보를 전달할 것인가?"라는 식의 표현이 그 해결방법의 폭을 넓혀 준다. 즉 '편지를 쓰는 것'이라는 표현이 그 해결 수단을 편지라는 형태로 제한하고 있는 것이다. 그러나 '생각, 감정, 정보의 전달방법'은 우리가 생각할 수 있는 모든 전달 수단이 그 해결방법이 될 수 있는 것이다. "형과 어떻게 잘 지낼 수 있을까?"라고 하는 대신에 "어떻게 하면 다른 사람과 원만한 관계를 만들 수 있을까?"라고 하고, "어떻게 쥐를 잡을까?" 대신에 "어떻게 쥐를 없앨까?"라고 하라.

문제를 표현한 문장에서 핵심 단어(특히 동사)를 골라 의미를 확장시키면 새롭고 간편한 해결책이 훨씬 더 많이 나온다. 동의어 사전은 좋은 보조 수단이 된다. 다음 문제들의 의미를 확장시켜 보라.

◆ 어떻게 하면 출근 시간을 지킬 수 있을까?
◆ 구멍난 셔츠를 어떻게 수선할 것인가?
◆ 부서진 장난감을 어떻게 고칠 것인가?
◆ 어린이에게 남을 존중하는 방법을 어떻게 가르칠 것인가?

질문을 좀더 폭넓은 표현으로 여러 번 고쳐 써 보는 것은 해결책에 이르는 다양한 방법을 제시해 준다.

또 다른 방법으로는 문제를 나타내는 말 뒤에 "왜?"라고 묻고, 그 답변을 제공할 만한 또 다른 질문을 해 보는 것이다.

◆ 어떻게 체중을 줄일 것인가?
　왜?
◆ 　어떻게 하면 날씬해질까?
　왜?
◆ 어떻게 하면 더 매력적으로 보일 수 있을까?
　왜?
◆ 어떻게 하면 여러 사람 앞에서 편안한 마음으로 얘기할 수 있을까?
　왜?
◆ 어떻게 하면 내 자신에 대해 자부심을 느낄 수 있을까?

어린이들에게 적절한 질문으로는 다음과 같은 것이 있다.

◆ 어떻게 하면 수학을 더 잘할 수 있을까?
◆ 왜?
◆ 어떻게 하면 좀더 좋은 성적을 받을 수 있을까?
◆ 왜?

◆ 어떻게 하면 부모님을 즐겁게 해드릴 수 있을까?

◆ 왜?

◆ 어떻게 하면 내 자신이 더 행복해 질 수 있을까?

이와 같은 질문은 여러분이나 학생들이 질문에 숨겨진 핵심을 찾는 능력을 배양하기 위한 것이다. 이런 활동은 목적을 달성하기 위한 진짜 동기가 무엇인지를 알려 주므로, 표현상의 문제에서 발생하는 해결방법의 한계를 극복하고 문제의 핵심에 도달할 수 있게 한다.

실제의 문제가 무엇인지 충분히 심도 있게 조사해 보지 않았기 때문에 잘못 파악된 문제의 해결방법을 찾느라고 헛된 노력을 하곤 한다. 예를 들어 놀이터에서 공놀이 하고 있는 어린이들과 밖에서 구경만 하고 있는 아이를 보았을 때 다음과 같이 잘못된 판단을 내릴 수도 있다.

◆ 이 동네에 새로 이사온 아이라서 다른 아이들이 놀아 주지 않는다.

◆ 그 아이는 키가 작거나, 흑인이거나, 비만이거나, 놀고 있는 아이들과 성별이 달라서 같이 놀지 못한다.

◆ 그 아이는 나약하고 소극적이다.

우리는 상황을 정확히 알지도 못한 채 성급한 결론을 내린다. 그 어린이가 놀이터 밖에 혼자 서 있는 또 다른 이유는 없을까? 어떻게 하면 그 이유를 정확히 찾을 수 있을까? 다른 사람이 그런 실수를 했기 때문에 피해를 본 적

은 없었는가?

정확하게 문제를 파악, 정의하는 것은 쉽지 않지만 필수적인 작업이다. 자신이 처음 내렸던 문제에 대한 정의가 잘못되었을 수도 있다는 인식이 궁극적으로 문제를 해결하는 결정적인 요체이다. 여기 제시된 방법들은 문제 자체를 판단할 때 보다 정확하게 할 수 있도록 문제 영역을 확대시키거나 문제의 핵심을 파악하는 등의 방법을 배워 그 감각을 키우는 것이 목적이다. 의사 결정은 인생의 한 과정이요 부분이다. 우리는 매일 수십 가지의 결정을 한다. 그러나 대부분의 결정에는 좀더 많은 시간과 사고, 감각, 훌륭한 문제 정의가 필요하다. 따라서 우리는 어린이들에게 이런 능력을 키우도록 도와 주어야 할 의무가 있다.

제
11
장

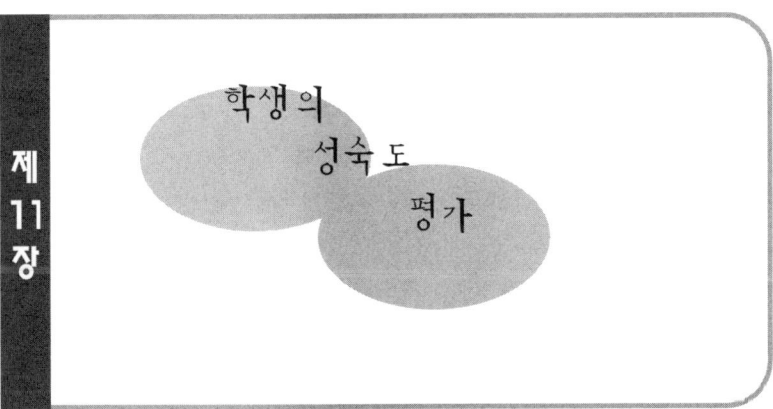

학생의
성숙도
평가

이 난은 당신의 창의성 모음을 위한 터입니다.

　학생의 창의적인 행동을 증가시키려면 각 단계별로 자신의 성숙도가 얼마나 높아졌는지 학생 자신이 아는 것이 중요하다. 자기 자신에 대한 자각 그리고 자신의 정신 및 감정 상태에 대한 의식적인 인식이 상당히 강조되어 왔다. 학생들은 자신들의 발달 과정을 확인할 수 있는 구체적 증거가 필요한데, 평가를 창조 과정의 중요하고 필수적인 인자로서 인식하게끔 배워 왔다. 그들은 자신의 노력이 가치가 있었는지 아닌지 알 필요가 있고 교사 또한 학생을 위해 쏟은 노력이 가치 있었는가의 여부를 아는 것은 중요한 일이다. 자신의 성장 및 발달을 이해하는 것이 중요시 되어 왔기 때문에 성장 및 발달 평가에 학생들은 아주 적극적으로 참여할 것이다. 이런 식의 평가 방법은 장점이 많은데, 그 중의 하나가 자기 자신의 배움에 대한 책임 의식이다.

사전 검사와 사후 검사

　창의적 행동 발달 훈련의 전후에 각각 유사한 창의력 검사를 실시해 볼 수 있다. 목적상 형식을 중시해야 하는지 아닌지에 따라 창의력 검사의 종류기 달라져야 한다. 만약 연구 활동을 위한 것이라면 타당도가 검증된 한두 가지 이상의 검사를 사용해야 한다. 사실, 창의성이란 여

러 요인에 의해 영향을 받는 복합적인 행동 양식이므로 형식적 연구 목적이라면 한 가지 검사만으로는 한계가 있다. Gary A. Davis는 『It's your Imagination』이라는 책에서 수많은 창의성 검사방법을 열거하고 있다. 창의성 검사 분야에 초보자라면 이 책이 좋은 길잡이가 될 것이다. Torrance나 Guilford 또는 Wallach-Kagan에 의해 개발된 창의적 사고 검사들도 검토해 볼 만한 가치가 있다.

목적상 형식에 그다지 구애받지 않는 경우라면 당신 스스로 검사방법과 내용을 결정해도 좋다. 그럴 경우 그 검사는 학생들에게 실시하려는 활동들을 그대로 점검하는 형태가 될 것이다. 처음에만 지도해 주면 학생들은 자기가 점수를 매길 수 있고, 또 그렇게 하는 것을 매우 좋아한다. 점수를 매기기 쉬운 창의적 능력에는 유창성, 융통성, 독창성, 정교성이 있다. 또 비언어적 학습방법을 선호하는 학생들을 고려하여 언어적 항목과 더불어 비언어적 항목을 검사에 포함시키는 것이 좋다. 여러분이 이용할 만한 창의력 검사를 분야별로 한 가지씩 소개하겠다.

문제에 대한 해결 방안

a. 학생이 잘 알고 있는 도로의 러시아워 동안의 교통 체증과 같은 문제점을 설명케 하라.
b. 가능한 한 많은 해결 방안을 제시하도록 하라.
c. 제한 시간은 6분이다.

주어진 상황에 따른 결과

a. 경우를 몇 가지로 나눌 수 있는 상황을 묘사케 하라. 예를 들면 어느 중학교의 장난꾸러기 학생이 화재 경보기를 작동시켰는데, 일부는 점심 시간이고 일부는 수업 중이었다.

b. 일어날 수 있는 결과를 가능한 한 많이 쓰도록 하라.

c. 제한 시간은 4분이다.

사실에 대한 이유

a. 학생들이 사실이라고 믿고 있는 것을 선택하라. 예를 들면 곁에서 통학하는 학생이 버스나 자가용으로 통학하는 학생보다 성적이 좋다.

b. 왜 그렇게 생각하는지 그 이유를 가능한 한 많이 제시하도록 하라.

c. 제한 시간은 3분이다.

일상적인 물건의 또 다른 사용방법

a. 대나무 자(尺), 음료수 병, 손잡이가 떨어져 나간 커피잔과 같은 일상적인 물건의 이름을 들어라.

b. 그런 물건을 어떤 다른 용도로 사용할 수 있는지 가능한 한 여러 가지를 생각하게 하라.

c. 제한 시간은 3분이다.

형 태

a. 모양(원, 사각형, 삼각형 등)과 크기가 똑같은 그림이
   반복되어 있는 종이를 한 장씩 나눠 주라.

b. 그 모양을 사용해서 재미있는 모양을 가능한 한 많
   이 만들고 각 그림마다 이름을 붙이게 하라.

c. 제한 시간은 6분다.

미완성된 그림

a. 끝이 서로 연결되지 않은 직선이나 곡선을 그려라.

b. 각각의 미완성된 그림을 재미있는 그림으로 만들도
   록 하라.

c. 제한 시간은 6분이다.

위의 비과학적 접근에 의한 창의력 검사 6가지는 각각
4점씩 계산한다. 학생들에게 적합한 문제를 사용하고, 다
음 네 분야로 나누어서 채점하게 한다.

1. 유창성 : 제시한 아이디어나 해결책의 수이다.

2. 융통성 : 몇 가지의 서로 다른 종류의 아이디어를 제
   시했는가? 예를 들면 물컵의 다른 용도에 대해, (a)
   물건을 담는 용기로 (b) 장식용으로 (c) 깨졌을 경우
   모자이크할 때 (d) 여러 개를 모아 붙여 탁자로 사
   용할 수 있다고 했으면 서로 다른 네 가지 종류의

용도를 제시한 셈이다.

3. 독창성 : 다른 학생의 아이디어와 비교할 때 얼마만큼 독창적인 아이디어인지를 평가하는 것이다. 검사 받은 학생이 총 20명이고, 그 중 오직 한 학생만이 독특한 아이디어를 제시했다면 그 학생의 점수는 20점이다. 만약 10명이 그런 아이디어를 내 놓았으면 각 학생당 점수는 10점이다. 모든 학생이 그런 아이디어를 제시했으면 점수는 전부 0점이다. 예를 들어, 원을 이용해 어떤 모양을 만들라고 했을 때 모든 학생이 야구공을 그렸다면 전부 0점이 되는 것이나.

4. 정교성 : 대답을 몇 가지로 세분하여 했는가를 말한다. 예를 들어 화재 비상벨의 작동에 관한 질문에서 이렇게 세분하여 대답할 수 있다. (a) 3층에 있는 학생들이 (b) 비상구로 내려와서 (c) 시험지를 치켜 흔들며 (d) "시험을 망쳤다"

검사결과 기록은 다음 '창의력 검사 결과' 표와 같은 양식으로 하면 좋다.

사전 검사와 사후 검사는 목적에 따라 복잡 또는 단순해진다. 학생들은 자신의 발달을 눈으로 확인하고 싶어한다. 학생이 창의적 활동을 접한 후의 사후 검사 결과는 사

전 검사보다 대부분 현저히 증가한다. 아주 바람직한 현상이다.

만약 한 가지 검사만 선택하고, 또 유창성에 대해서만 채점했다 하더라도 전·후의 결과는 학생의 노력이 가치 있음을 잘 보여 준다.

학생이름 ——————

창의력 검사 결과

	I		II		III		IV		V		VI		총계	
	전	후	전	후	전	후	전	후	전	후	전	후	전	후
유창성														
융통성														
독창성														
정교성														

성숙도 차트

앞에서 설명했던 Ainsworth-Land의 모델에 기초를 둔 창조적 행동 관찰 차트와 마찬가지로 성숙도 차트도 개인별로 작성할 수 있다. 개인별 프로젝트가 끝나고 나면 학생은 각 단계별 발달 정도를 분석할 수 있다.

성숙도 차트	
형성기 형성기에 내가 행동했거나 생각 했던 것들	1. 2. 3. 4. 5.
규범기 규범기에 내가 행동했거나 생각 했던 것들	1. 2. 3. 4. 5.
통합기 통합기에 내가 행동했거나 생각 했던 것들	1. 2. 3. 4. 5.
변형기 변형기에 내가 행동했거나 생각 했던 것들	1. 2. 3. 4. 5.

"다음 단계로 올라가고 있다는 것을 깨닫게 해 준 단서는 무엇이었는가?" 등과 같이 한 단계에서 그 다음 단계로 올라가는 것에 관한 질문 역시 성숙도 차트 안에 포함될 수 있다. 또 이전 단계로 되돌아가는 일이 때로는 필요하다는 점을 강조하기 위해 "당신이 한 단계 아래로 내려

가야 했을 때 그것이 필요하다는 것을 알 수 있는 단서는 무엇인가?"라는 물음도 가능하다. 이러한 성격의 질문들은 교사가 학생과 개인 면담할 때 주요 내용으로 다루는 것도 좋다.

집단토의에 대해서도 같은 방법으로 차트화할 수 있다. 집단 스스로 그 집단의 활동을 분석해 보는 것은 아주 가치 있는 경험이다. 첫째, 학생들 서로가 상대방으로부터 많은 것을 배울 수 있기 때문이다. 집단 훈련 과정이 개인의 활동에 많은 도움을 준다. 둘째, 앞으로 있을 과정이나 과거에 행했던 과정을 분석할 줄 아는 학생들은 자기 집단의 전반적인 훈련 과정에 대한 이해도가 깊어지고, 서로를 더 잘 이해하게 되며, 자신이 집단에 어떻게 이바지할 수 있는지를 깨닫게 된다.

기준의 선택

최종 산물 심사 기준을 선택하는 일은 창의적 과정 중 평가의 일부로서 중요하다. 어떤 프로젝트를 평가하는 기준 선택에 같이 참여한 학생들은 판단력까지도 발달시킬 수 있는 셈이다. 집단 프로젝트에 대해 학생들이 먼저 기준을 선택하고 나서 교사와 의논하거나 협의한다. 협의과정을 통해 학생들은 기준에 가중치를 부여하는 일이나 전

반적인 평가의 공정성을 확실하게 알게 된다. 가능한 한 공정한 판단을 할 수 있도록 관점을 넓히기 위해 기준들에 관한 브레인스토밍을 실시하는 것이 좋다. 집단 작업을 통해서 최종 결과를 평가함은 물론 전반에 걸친 집단 및 개인의 성취도 평가되어야 한다. 바로 그런 경우에 일련의 기준이 필요한 것이다.

주요 개인 프로젝트에서는 학생이 브레인스토밍 작업을 통해 기준을 설정하고, 어떻게, 왜 그런 기준을 선정했는지를 교사와 함께 의논할 수 있다. 학생들은 결국 자신들의 성공도를 평가하는 데 능숙해진다. 교사와 토의를 함으로써 자신의 기준 선택에 대해 깊이 성찰하게 된다. 평가 기준에는 최종 결과물의 질뿐 아니라 노력도 포함해야 한다.

개인이 수행할 학습 과제

교사와 함께 전 학급 학생들이 재미있으면서도 목표가 있는 프로젝트 같은 과제의 기준을 정할 수 있다. 학생들은 광범위한 공통 과제까지도 평가할 수 있는 적절한 기준을 정하는 데 의외로 훌륭하다.

학생들이 정하는 전형적인 기준들은 다음과 같다.

1. 아이디어의 독창성
2. 고려해야 할 점들
3. 자료의 현명한 사용
4. 소요된 시간

최종 등급

　일단 기준과 그에 따른 가중치가 정해지면 등급표 또는 다른 적절한 방법으로 그 프로젝트의 최종 등급을 정한다. 정해진 기준들을 이용한 또 다른 평가로서, 다음의 보기와 같이 기준들을 연속으로 늘어 놓고 실시하는 방법이 있다.

　✎ **보기** 여러분은 어떻게 생각하는지 동그라미 하라.

　　　　　　　형편없다　　　　　　　　우수하다
아이디어의 독창성　1　2　3　4　5　6　7　8　9

　집단 전체의 활동 결과는 개인별로 평가를 한 뒤 평균을 내거나, 의견 일치를 이루어 전체적으로 한 가지 점수를 내거나 해서 평가할 수 있다. 집단과 개별 프로젝트에서 기준 선택과 등급매기는 작업을 했던 학생들은 그들

자신의 노력에 대해 좀더 정확하게 평가할 수 있다. 교사
는 학생들이 하는 평가 작업이 '장난기가 있을 때' 언제
든지 개입해도 좋으나 거의 모든 학생들은 진지하게 임한
다. 학생들은 대개 그러한 평가 작업에 참여하기를 좋아
하며 열심히 하려고 한다.

중간 및 최종 평가

발전 정도의 중간 및 최종 평가 작업은 학생의 성숙도
를 평가하는 또 다른 수단 중의 하나이다. 어떻게 이런 평
가 작업이 이루어지는지 문제해결 과정의 요소들을 사용
해서 보여 준 예가 있다. 문제해결 과정 훈련이 모두 끝난
학생들로 하여금 그 과정을 적용하여 다음의 예를 해결해
보도록 한다.

영수는 중학교 3학년이 되기 직전 겨울 방학 때 이사를
했다. 아버지 직장이 바뀌었기 때문이다. 그가 새로 다닐
학교는 전에 다니던 학교보다 최소한 세 배는 컸다. 그가
전에 다니던 학교에서 좋아했던 일 중의 하나는 중학교 1
학년과 2학년 때 학급 반장으로서 학생회의에 참여했던
것이다. 그는 후에 성인이 되면 정치계로 나서고 싶어하
는데, 지금 새로운 학교에서 아는 사람이 아무도 없기 때

문에 학생회 임원이 되지 못할까봐 걱정하고 있다. 이번
에 학생회 임원이 되지 못하면 고등학교에서도 마찬가지
일 것을 잘 알고 있다. 왜냐하면 4개의 중학교 학생들이
그 고등학교로 진학하기 때문이다. 개학은 4주 후이다. 전
학 수속을 할 때 상담 선생님이 학교 신문에는 중학교 3
학년으로서 학생회에 참석할 수 있는 의석 중 두 자리가
공석이라고 씌어 있었다. 선거는 3월 말경이다. 영수는 자
기가 그 중 한 자리를 차지할 방법을 궁리하고 있다. 그러
나 그는 이 마을에 처음 왔고 동네 친구도 없다. 최소한
후보라도 될 수 있으려면 자신을 어떻게 알려야 할까?

이상의 이야기를 읽고 문제 해결과정을 다음과 같이
한 번에 한 단계씩 행하라.
　1. 중요한 문제가 무엇인지 파악하여 정의를 내린다.
　2. 하위 문제들을 열거한다.
　3. 알 수 있는 사실들을 열거한다.
　4. 알면 도움이 될 사실에 관한 질문들을 열거한다.
　5. 어떤 정보원으로부터 대답을 얻을 수 있을지 열거
　　 한다.
　6. 브레인스토밍을 위해 문제를 정의한다.
　7. 가능한 해결책들을 브레인스토밍을 통해 찾는다.
　8. 해결책들을 평가할 기준을 만든다.
　9. 해결책들을 평가한다.

10. 최선책으로 나온 해결 방안을 기록한다.

11. 해결책을 어떻게 실행하지 한 단락 정도로 적어 본다.

위의 과정들은 어떤 시점에서나 각기 별도로 평가되기도 하고, 전체 과정이 한꺼번에 제시되어 평가되기도 한다. 또 교사가 학생이 하는 것을 관찰·지도하거나, 학생들이 서로의 작업에 관해 의논·비교할 수 있다.

여기서 중요한 점은 학생이 자신의 발전과 성숙도에 관해 평가한다는 점이다. 학생들은 그렇게 함으로써 자신의 전반적인 능력을 향상시키고, 자신감을 가지며, 자신의 행위에 대해 책임감을 갖게 된다. 나는 대학 시절 심리학 강좌 시간에 배운 수많은 사례 연구에 경탄한 기억이 있다. 우리가 배운 모든 것들이 어쩌면 우리의 의식 밖의 일처럼 보였다. 그 당시 내 자아 그리고 나의 성장과 발달에 관해 얼마나 재미있게 배웠는지!

이 난은 당신의 생각 모음을 위한 공간입니다.

제
12
장

기존의 교육과정에
창의적 과정을
혼합

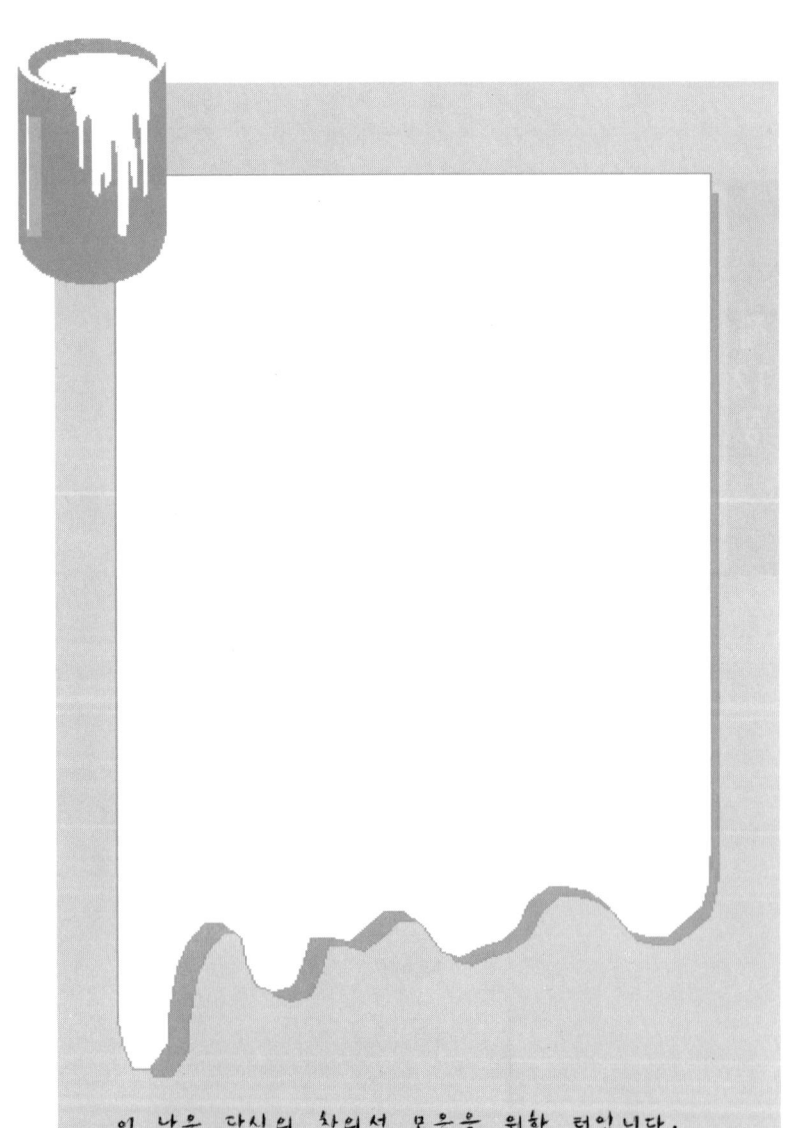

이 난은 당신의 창의성 모음을 위한 터입니다.

이 장은 바로 여러분 자신을 위해 마련되었다. 여러분은 학생들에 대해서 잘 알고 있을 뿐 아니라, 여러분의 개인적인 문제가 무엇인지, 그리고 창의적 사고 방식이 무엇인지도 알고 있다. 이 시점에서 또 다시 창의적 행동을 증가시키기 위해 무엇을 하라고 말할 필요는 전혀 없다. 나는 여기서 여러분에게 창의성에 대한 시발점을 제공해서 뭔가를 실제로 도전해 보도록 하겠다.

다음의 예는 특정 분야의 주제에 적용되는 창의적 행동들이다.

▲ 미 술
1. 친구로 하여금 종이 한 장에 간단한 그림 3개를 그리게 하라. 그것들을 하나의 그림으로 만들어라.
2. 자갈, 나뭇잎, 진흙 및 종이로 조소 작품을 만들어 보라.
3. 바라보는 각도에 따라 다른 모양이 생기는 그림 하나를 그려 보라.

▲ 건 강
1. 어린이가 이닦기를 좋아할 방법을 생각해 보라.
2. 공해 방지 캠페인에 문제해결 과정을 적용하라.
3. '게으른 사람을 위한 제품' 이라는 팜플렛을 만들어 보라.

● 가 사

1. 취미 도구를 담아 넣을 용기나 공구 상자를 디자인 하라.
2. 간편한 식사의 조리법을 고안하라.
3. 전 가족이 즐길 수 있는 게임을 고안하라.

● 문 학

1. 눈을 감고 여러 가지 단어가 적힌 목록 중 세 개의 단어를 골라서 그 단어가 들어가는 시를 지어 보라.
2. 소설 구상을 위한 형태학적 접근 방법을 이용하여 TV 주간 드라마나 미스테리 소설을 꾸며 보라.
3. 소설 하나를 반 정도만 읽고 나머지 부분이 어떤 내용일지 세 가지 경우를 써 보라.

● 수 학

1. 공기, 물, 시간, 육지, 고도를 측정할 새로운 방법을 생각해 보라.
2. 미 취학 어린이에게 1부터 10까지의 숫자를 가르칠 시청각 교재를 고안해 보라.
3. 놀이 기구나 미술 도구 혹은 분담할 학교 일들을 가중치를 부여하여 공평하게 나눌 때 이를 수학 공식으로 어떻게 표현해야 할지 생각해 보라.

◉ 음 악

1. 친구에게 한 옥타브 안에 있는 세 개의 음을 피아노로 치라고 하고, 그 음들을 중심으로 멜로디를 만들어 보라.
2. 새 리듬을 만들어서 학생들에게 가르쳐라.
3. 전보를 노래 형식으로 만들어 친구나 가족에게 전달하라.

◉ 운 동

1. 조깅을 위한 준비 운동을 만들어 보라.
2. 새로운 춤 스텝을 고안해 보라.
3. 스포츠 팀들의 대진표를 만들 때의 가중치 기준을 고안하라.

◉ 과 학

1. 환경 문제에 창의적 문제해결 과정을 적용시켜 보라.
2. 새로운 에너지원을 창조하거나 기존 에너지원들을 합성하는데 강제 결합법을 사용하라.
3. 멸종 위기의 동식물을 보호할 수 있는 방안을 브레인스토밍으로 찾아 내어 보라.

◉ 사회과학

1. 지도에 사용할 수 있는 새로운 기호를 생각해 보라.

2. 점심 식사 시간의 줄 서기, 사물함, 체육관의 사용 일
정 같은 학교 문제의 해결책을 찾아 보라.
3. 서로 다른 문화 배경을 가진 학생끼리 서로 보다 잘
이해할 수 있게끔 하는 방법을 브레인스토밍으로 생
각해 보라. 각각의 문화적 특성을 열거해 보는 것이
좋은 출발점이 된다.

위의 소개한 내용은 기존의 학교 교과과정에서는 제외
되어 있다. 위의 행동들을 사용하면서 다음과 같은 전략
을 채택한다면 기존의 교과과정에 창의적 행동을 첨가하
는 방안을 쉽게 찾을 수 있다.

1. 일련의 기존 학습 목표 중에 최소한 하나 정도는
창의적 행동이 들어 있는 목표를 삽입하라.
2. 한 단원을 가르칠 때마다 세 가지의 창의적 형태의
질문이나 활동을 포함시켜라.
3. 한 단원의 수업에서 확산적 사고 능력과 수렴적 사
고 능력을 병행해서 키울 수 있도록 계획을 세우라.
4. 소설 속의 인물이나 역사 속의 실제 인물에 있어서
창의적 표현의 장애는 무엇이었는지 토론해 보라.
5. 계획된 수업의 어떤 요소가 창의적 사고 방식의 발
달에 가장 도움이 되는지 그 수업의 속성 열거방법
을 써서 분석해 보라.

주제 \ 기법	브레인스토밍	강제결합	연상	속성열거
미술				
건강				
가사				
문학				
수학				
음악				
체육				
과학				
사회과학				

6. 다른 교사나 행성 담당자 혹은 학부모들이 창의적 사고 방식을 기존 교육과정에 도입시키는 데 협조적이 되도록 유도할 만한 방안을 브레인스토밍 방식으로 찾아 보라.

7. 교육 과정상의 아이디어가 왕성히 나오도록 모든 교과목을 아이디어 찾기 기법에 관련시키는 데 메트릭스 방식을 출발점으로 사용해 보라.

8. 모든 과목을 통해 문제해결력을 증진시키는 방법을 찾는 데 다음과 같은 메트릭스 방식을 사용하라. 그리고 거기서 나타난 모든 관계들에 대해 "어떤 방법들로 미술감각을 높이면 좋을까?"라는 창의적 형태의 질문을 하라.

주제	문제 해결 능력	감수성 향상	문제 정의 목표 설정	준비	해결책 찾기	기준 선택	평가	실행
미술								
건강								
가사								
문학								
수학								
음악								
체육								
과학								
사회과학								

9. 개인별 혹은 집단 프로젝트를 요구하는 단원에 창의적인 문제해결법을 사용하라.

10. 학생 평가표에 유창성, 유통성, 독창성, 정교성을 첨가하라.

11. 변형 이론에서의 발전 단계, 즉 형성기, 규범기, 통합기, 변형기를 이용해서 학생들이 자신의 발달 과정을 측정케 도와주라.

12. 학생들끼리 성취에 대한 부정적 혹은 긍정적 자세가 미치는 영향에 관해 토론하도록 하라.

여기 소개된 것들은 그야말로 빙산의 일각이다. 여러분 자신의 독창성을 발휘한다면 가장 보람 있는 교육 경험이 될 것이다. 위에 소개한 아이디어들은 도약을 위한 첫발을 내딛도록 해 준 것에 불과하다. 계속 노력해서 마침내 성취하기를.

이 난은 당신의 생각 모음을 위한 공간입니다.

제
13
장

교사를
위한
안내편

이 난은 당신의 창의성 모음을 위한 터입니다.

이 장은 창의적 행동에 관련된 정보를 찾고 있는 사람들을 위해, 그리고 여러분 자신 및 학생들의 성장을 위해서 만들어졌다. 창의성에 관한 문헌은 방대하다. 여기에 실린 자료들은 이 책을 보충하고, 창의성에 관한 주제를 좀더 깊이 연구하고자 하는 독자에게 방향을 제시하기 위해 선정되었다.

PERSPECTIVES IN CREATIVE BEHAVIOR

BARRON, FRANK. *Creative Person and Creative Process.* New York : Holt, Rinehart & Winston, 1969.

BARRON, FRANK. *Creativity and Personal Freedom.* London : D. Van Nostrand Company, 1968.

GHISELIN, BREWSTER. *The Creative Process.* New York : Mentor Books, 1955.

GUILFORD, J. P. *Personality.* New York : McGraw-Hill Book Company, 1959.

GULIFORD, J. P. *Way Beyond the I.Q.* Buffalo, N.Y. : Creative Education Foundation ; and Great Neck, N.Y. : Creative Synergetic Associates, 1977.

JONES, P. *Creative Learning in Perspective.* London : University of London Press,1972.

KAGAN. JEROME, ed. *Creativity and Learning.* Boston : Beacon Press, 1967.

KOESTLER, ARTHUR. *The Act of Creation.* London : Hutchinson,

1964.

LAND, GEORGE T. L. *Grow or Die : The Unifying Principle of Transformation.* New York : Dell Publishing Co., Inc., 1974.

LYTTON, HUGH. *Creativity and Education.* London : Routledge & Kegan Paul, 1971.

MACKINNON, DONALD W. *In Search of Human Effectiveness : Identifying and Developing Creativity.* Buffalo, N.Y. : Creative Education Foundation ; and Great Neck, N.Y. : Creative Synergetic Associates, 1978.

MACKINNON, DONALD W.: "What Makes a Person Creative?" *Saturday Review,* February 10, 1962

MARKSBERRY, MARY LEE. *Foundations of Creativity.* New York : Harper & Row, Publishers, Inc., 1963.

PARNES. SIDNEY, and BIONDI, ANGELO. "Creative Behavior : A Delicate Balance," *Journal of Creative Behavior 2,* no. 2.

RUGG, HAROLD. *Imagination.* New York : Harper & Row, Publishers, Inc., 1963.

SARTRE, JEAN-PAUL. *The Psychology of Imagination.* New York : Washington Square Press, 1966.

SHOUKSMITH, G. Inteligence, *Creativity and Cognitive Style.* London : B.T. Batsford, Ltd., 1970.

TAYLOR, I.A., and GETZELS, J. W., eds. *Perspectives in Creativity.* Chicago : Aldine Publishing Co., 1975.

TORRANCE, E. PAUL. *Education and the Creative Potential.* Minneapolis : University of Minnesota Press, 1963.

WALLACH, M. "Creativity." In Pul Mussen, ed., *Carmichael's Manual of Child Psychology.* New York : John Wiley & Sons, Inc., 1970.

EXPERINCING CREATIVE BEHAVIOR

ADAMS, JAMES L. *Conceptual Blockbusting:* A Guide to Better Ideas. San Francisco : W.H. Freeman & Compay Publishers, 1974.

ANDREWS, MICHAEL F. *Creativity and Psychological Health.* Syracuse, N.Y. : Syracuse University Press, 1961.

CARKHUFF, R. *The Art of Problem-Solving.* Amherst, Mass. : Human Resource Development, 1973.

CRAWFORD, R. P. *Techniques of Creative Thinking.* New York : Hawthorn Books, Inc., 1954.

DAVIS, GARY. *Psychology of Problem-Solving.* New York : Basic Books, Inc., 1973.

DE BONO, EDWARD. *Lateral Thinking.* New York : Harper & Row, Publishers, Inc., 1970.

GORDON, WILLIAM J. J. *The Metaphysical Way of Learning.* Cambridge, Mass. : Synectics Education Systems, 1973.

GORDON, WILLAM J. J. *Synergetics.* New York : Collier, 1961.

GOWAN, JOHN C. "Some New Thoughts on the Development of Creativity," *Journal of Creative Behavior 2,* no. 2.

HOLLAWAY, OTTO. *Problem-Solving : Toward a More Humanizing Curriculum.* Philadelphia : Franklin Publishing Company, 1975.

JANIS, I., and MANN, L. *Decision Making : A Psychological Analysis of Conflict, Choice, and Commitment.* New York : The Free Press, 1977.

OSBORN, ALEX F. *Applied Imagination.* 3d ed. New York : Charles Scribner' s Sons, 1963.

PARNES, SIDNEY J. Aha! *Insights into Creative Behavior.* Buffalo,

N.Y. : D.O.K. Publishers, 1975.

PARNES, SIDNEY J. *Creative Behavior Guidebook.* New York : Charles Scribner' s Sons, 1967.

PRINCE, GEORGE. T*he Practice of Creativity.* New York : Harper & Row, Publishers, Inc., 1970.

TORRANCE, E. PAUL. *The Search for satori and Creativity.* Buffalo, N.Y. : Creative Education Foundation ; and Great Neck, N.Y. : Creative Synergetic Associates,1979.

TEACHING TO EVOKE CREATIVE BEHAVIOR

BRAGA, JOSEPH and LAURIE. *Children and Adults* : Activities for Growing Together. Englewood Cliffs, N.J. : Prentice-Hall Publishing Co., Inc., 1976.

BRUNER, J.S. "The Conditions of Creativity. " In H. E. Gruber, and others, *Contemporary Approaches to Creative Thinking.* New York : Atherton Press, 1963.

BUSWELL, G. T., and KERSH, B. Y. *Patterns of Thinking in Solving Problems.* Berkeley, Calif. : University of California Press, 1956.

DAVIS, GARY R., and DIPEGO, GERALD. *Imagination Express : Saturday Subway Ride.* Buffalo, N.Y. : D.O.K. Publishers, 1974.

DELLAS, MARIE, and GAIER, EUGENE. "Identification of Creativity : the Individual," *Psychological Bulletin,* 73, no. 1(1970).

EBERLE, ROBERT F. Scamper : *Games for Imagination*

Development. Buffalo, N.Y. : D.O.K. Pulishers, 1971.

GAGNE, R. M. *The Conditions of Learning.* New York : Holt, Rinehart & Winston, 1970.

GETZELS, J. W., and JACKSON, P. W., *Creativity and Intelligence : Explorations with Gifted Students.* New York : John Wiley & Sons, Inc., 1962.

GOLDMAN, R. J. "The Minnesota Tests of Creative Thinking," *Educational Research,* 7, no. 1(1964).

GOWAN, DEMOS, and TORRANCE E. PAUL, eds. *Creativity : Its Educational Implications.* New York : John Wiley & Sons, Inc., 1967.

HALL, W. B. "A Technique for Assessing Aesthetic Predispositions : Mosaic Construction Test." *Journal of Creative Behavior,* 6, no. 4, 1972.

HENDRICKS, GAY. *The Family Centering Book : Awareness Activities the Whole Family Can Do Together.* Englewood Cliffs, N.J. . Prentice-Hall Publishing Co., Inc., 1979.

HUDGINS, BRYCE B. *Problem-Solving in the Classroom.* New York : Macmillan, Inc., 1966.

KHATENA, J. "Facilitating the Creative Functions of the Gifted," *The Gifted Child Quarterly,* 21, no. 2.

MEARNS, HUGHES. Creative Power : *The Education of Youth in the Creative Arts.* New York : Dover Publications, Inc., 1958.

MEDNICK, S. A. "The Remote Associates Test," *Journal of Creative Behavior,* 2, no. 3(1968).

MENLOVE, COLEEN K. *Ready, Set, Go!* Englewood Cliffs, N.J. · Prentice-Hall Publishing Co., Inc., 1978.

PIAGET, J. Play, *Dreams and Imitation in Childhood.* New York : W. W. Norton & Co., Inc., 1962.

PURKEY, W. *Self-Concept and School Achievement.* Englewood
    Cliffs, N.J. : Prentice-Hall Publishing Co., Inc., 1970.

RICE, MARY FORMAN, and CHARLES H. FLATTER. *Help Me
    Learn : A Handbook for Teaching Children from Birth to
    Third Grade.* Englewood Cliffs, N.J. : Prentice-Hall
    Publishing Co., Inc., 1979.

TORRANCE, E. PAUL. "Non-test Ways of Identifying the
    Creatively Gifted," *Gifted Child Quarterly,* 6, no. 3(1962).

TORRANCE, E. PAUL. *Rewarding Creative Behavior.* Englewood
    Cliffs, N.J. : Prentice-Hall Publishing Co., Inc., 1965.

WERTHEIMER, M. *Productive Thinking.* New York : Harper,
    1945.

WILLIAMS, FRANK E. *Classroom Ideas for Encouraging Thinking
    and Feeling.* Buffalo, N.Y. : D.O.K. Publishers, 1970.

제
14
장

학생을
위한
안내편

이 난은 당신의 창의성 모음을 위한 터입니다.

성을 내 것으로
227

CREATIVE THINKING SKILLS

A-Way with Problems. La Habra, Ca. : Foxtail Press, 1978.

BURNS, MARILYN. *The Book of Think*. Mountain View, Ca. : Creative Publications, 1980.

CHRISTIE, C. W. and MARAVIGLIA, F. L. *Creative Problem-Solving Thinkbook*. Buffalo, N.Y. : D.O.K. Publishers, Inc., 1974.

DAVIS, GARY. *Imagination Express*. Buffalo, N.Y. : D.O.K. Publishers, Inc., 1972.

Detecting and Deducing. La Habra, Ca. : Foxtail Press, 1978.

EBERLE, B. and STANISH, BOB. *CPS for Kids*. Buffalo, N.Y. : D.O.K. Publishers, Inc., 1980.

EBERLE, BOB. *Scamper*. Buffalo, N.Y. : D.O.K. Publishers, Inc., 1971.

Elaborative Thinking. Woburn, Ma. : Curriculum Associates, 1976.

KING, JOYCE and KATZMAN, CAROL. *Imagine That!* Pacific Palisades, Ca. : Goodyear Publishing Co., Inc., 1976.

MOHAN, MADAN and RISKO, VICTORIA. *Why Knots!* Buffalo, N.Y. : D.O.K. Publishers, Inc., 1979.

RAUDSEPP, EUGENE. *Creative Growth Games*. New York : Jove Publications, Inc., 1977.

SANGER, SISTER GREGORY. *Ladybug Helps Teach the Five Senses*. Buffalo, N.Y. : D.O.K. Pblishers, Inc., 1971.

SEUSS, DR. *Oh! The Thinks You Can Think!* Westminster, Md. : Random House, Inc., 1975.

Synectics Inc. Making It Strange : *A New Design for Creative Thinking and Writing, Books 1, 2, 3, 4*. Scranton, Pa. :

Harper and Row Publishers, Inc., 1968.

THINK-INS. Monterey Park, Ca : Creative Teaching Press, Inc., 1974.

Thinklab. Chicago, Ⅱ : Science Research Associates, Inc., 1977.

WOLF, JANET and OWETT, B. *Let' s Imagine Thinking Up Things*. New York : E. P. Dutton and Co., Inc., 1961.

WOODS, MARGARETS. *Wonderwork : Creative Experiences for the Young Child*. Buffalo, N.Y. : D.O.K. Publishers, Inc., 1970.

PERCEPTIONS AND PERSPECTIVES

COHEN, DANIEL. *The World s Most Famous Ghosts*. New York : Pocket Books, 1979.

DE MILLE, RICHARD. *Put Your Mother on the Ceiling*. New York : Penguin Books, 1976.

GILMAN, RITA G. and SELIGSON, MARCIA. *UFO Encounters*. Englewood Cliffs, N.J. : Scholastic Book Services, 1978.

KOHL, JUDITH and KOHL, HERBERT. *The View from the Oak : The Private Worlds of Other Creatures*. New York : Charles Scribner' s Sons, 1978.

MITSUMASA, ANNO. *Topsy-Turvies : Pictures to Stretch the Imagination*. Rutland, Vt. : Weatherhill, 1970.

MOHAN, MADAN and RISKO, VICTORIA. *Perception Stimulators*. Buffalo, N.Y. : D.O.K. Publishers, Inc., 1979.

SEYMOUR, DATE and SEYMOUR, MARGO. *Perceptual Puzzle Blocks*. Mountain Valley, Ca : Creative Publications, 1980.

STEVENS, PETER S. *Patterns in Nature*. Mountain View, Ca. : Creative Publications, 1978.

WENTZELL, MELINDA and HOLLAND, D. K. *Optricks*. San Francisco, Ca. : Troubador Press, 1973.

GAMES THAT CHALLENGE

ALLEN, LAYMAN E. *Equations : The Game of Creative Mathematics*. Ann Arbor, Mi. : Wff' N Proof Games, 1978.

_____*Wff' N Proof : The Game of Modern Logic*. Ann Arbor, Mi. : Wff' N Proof Games, 1976.

_____, GOODMAN, FREDERICK L., HUMPHREY, DORIS and ROSS, JOAN. *On-Words : The Game of Word Structures*. Ann Arbor, Mi. : Wff' N Proof Games, 1979.

_____, KUGEL, PETER and OWENS, MARTIN. *On-Sets : The Game of Set Theory*. Ann Arbor, Mi. : Wff' N Proof Games, 1979.

_____, ROSS, JOAN and KUGEL, PETER. *Queries and Theories : The Game of Science and Language*. Ann Arbor, Mi. : Wff' N Proof Games, 1977.

American Dream. Springfield, Ma. : Milton Bradley Company, 1980.

Bandits of Natchez Trace Puzzle. Savannah, Tn. : Parris Manufacturing Company, 1980.

Boggle. Beverly, Ma. : Parker Brothers, 1976.

Brain Baffler. Hawthorne, Ca. : Mattel Electronics, 1980.

Can' t Stop. Beverly, Ma. : Mattel Electronics, 1980.

Catch a Thief. San Francisco, Ca. : Knots, Inc., 1980.

Click and Clasp : Construction Toys. Stanford, Ct. : Click, Ltd., 1980.

Computer Gin. Hawthorne, Ca. : Mattel Electronics, 1980.

Connect Four. Springfield, Ma. : Milton Bradley Company, 1975.

Decipher. New York : Pressman Toy Corp., 1978.

Dragon Chinese Checkers. Springfield, Ma. : Milton Bradley Company, 1980.

Ergo. New York : Invicta Plastics(U.S.A.), Ltd, 1978.

Flash Gordon Space Game. Hawthorne, Ca. : Mattel Electronics, 1980.

Foreign Exchange. Baltimore, Md. : *The Avalon Hill Game Company,* 1977.

GREEN, LORNE and ALLEN, ROBERT. *The Propaganda Game.* Ann Arbor, Mi. : Wff N Proof Games, 1979.

Hangman. Springfield, Ma. : Milton Bradley Company, 1974.

Hexed. Hagerstown, Md. : Gabriel CBS Toys, Division of CBS, Ins., 1978.

Hi-Q. Hagerstown, Md. : Gabriel CBS Toys, Division of CBS, Ins., 1978.

The Hobbit Game. Springfield, Ma. : Milton Bradley Company, 1978.

I Took a Lickin' from a Chicken. New York : L.J.N. Toys, 1980.

Kismet. Minneapolis, Mn. : Lakeside Games, 1978.

Lord of the Rings, The. Springfield, Ma. : Milton Bradley Company, 1978.

Master Mind. New York : Invicta Plastics(U.S.A.), Ltd., 1976.

Matrix. San Francisco, Ca. : Knots, Inc., 1980.

Mental Block Puzzle. Savannah, Tn. : Parris Manufacturing Company, 1979.

Pythagoras. Hagerstown, Md. : Gabriel CBS Toys, Division of CBS, Inc., 1978.

Restack' em Puzzle. Savannah, Tn. : Parris Manufacturing Company, 1979.

Reverse'em Puzzle. Savannah, Tn. : Parris Manufacturing Company, 1980.

Spill and Spell. Beverly, Ma. : Parker Brothers, 1971.

Spirograph. Cincinnati, Oh. : Kenner Products, 1971.

Stay Alive. Springfield, Ma. : Milton Bradley Company, 1978.

Stratego. Springfield, Ma. : Milton Bradley company, 1969.

Super Simon. Springfield, Ma. : Milton Bradley Company, 1979.

Superperfection. Minneapolis, Mn. : Lakeside Games, 1976.

Tick Tack Math. Campbell, Ca. : Rules of the Road, 1977.

TRIAD : *The Strategic Game of Pharoahs and kings*. Chattanooga, Tn. : T & M Enterprises, Inc., 1979.

Uno. Joliet, Ⅱ : International Games, 1979.

Yahtzee. Springfield, Ma. : Milton Bradley Company, 1972.

PUZZLES AND RIDDLES

BARRY, SHEILA A. *A Super-Colossal Book of Puzzles, Tricks, and Games*. New York : Sterling Publishing Co., Inc., 1978.

Brain Scratchers. Phoenix, Az : Resources for the Gifted, 1979.

BROOKE, MAXEY. *Coin Games and Puzzles*. Mountain View, Ca. : Creative Publications, 1980.

HULL, JOHN. *Puzzlers*. San Francisco, Ca. : Troubador Press, 1974.

LOW, JOSEPH. *A Mad Wet Hen and Other Riddles*. West Caldwell, N.J. : Greenwillow Books, Willam Morrow & Co., Inc., 1977.

MIKLOWITZ, GLORIA D. and DESBERG, PETER. *Ghastly Ghostly Riddles*. Englewood Cliffs, N.J. : Scholastic Book

Services, 1978.

Mind Benders. Troy, Mi. : Midwest Publications Co., Inc., 1979.

SCHWARTZ, ALVIN. *A Twister of Twists, A Tangler of Tongues.* New York : Bantam Books, Inc., 1976.

SCHWARTZ, ALVIN. *Tomfoolery : Trickery and Foolery with Words.* New York : Bantam Books, Inc., 1977.

SUMMERS, GEORGE J. *Mind Teasers : Logic Puzzles and Games of Deduction.* New York : Sterling Publishing Co., Inc., 1977.

Survival Skills. Phoenix, Az. : Resources for the Gifted, 1979.

THALER, MIKE. *Never Tickle a Turtle* : Cartoons, Riddles and Funny Stories. New York : Franklin Watts, Inc., 1977.

TIGO Games. Spartanburg, S.C. ; Ward and Sons, 1979.

TIGO Puzzles. Spartanburg, S.C. : Ward and Sons, 1979.

DO IT YOURSELF

ABISCH, ROZ. *The Make-It, Play-It Game Book.* New York : Walker and Company, 1974.

ARNESON, DON. *Doing Something Nice and Other Short Plays for Kids.* Burnsville, Mn. : Bookmaker Publishing, 1979.

BALZER, JOHN A. *Fabulous Freaky Fun Fill-Ins for Fridays.* Buffalo, N.Y. : D.O.K. Publishers, Inc., 1979.

BENTLEY, W.A. and HUMPHREYS, W.J. *Snow Crystals.* Mountain View, Ca. : Creative Publications, 1976.

BRANDENBERG, FRANTZ. *What Can You Make of It?* West Caldwell, N.J. : Greenwillow Books, William Morrow & Co., Inc., 1977.

CARAWAY, CAREN. *The Beginner's Guide to Quilting.* New York : David Mckay Company, Inc., 1980.

Cartloads of Creative Story Starters. Clinton, Oh. : Carson Dellosa, Inc., 1976.

CHEATHAM, VAL R. *Cartooning for Kids Who Draw and Kids Who Don't Draw.* Buffalo, N.Y. : D.O.K. Publishers, Inc., 1979.

CIVARDI, ANNE, ed. *The Know How Book of Action Games : Lots of Simple Games to Make and Play.* New York : Sterling Publishing Company, Inc., 1976.

COLE, W. and COLMORE, JULIA, ed. *The Poetry-Drawing Book.* New York : Simon and Schuster, Inc., 1960.

Compoz-a Puzzle. Sea Cliff, N.Y., Composition Press, Inc., 1979.

CORWIN, JUDITH HOFFMAN. *Creative College.* New York : David Mckay Co., 1980.

COSNER, SHARON, *Masks Around the World and How to Make Them.* New York : David McKay Co., Inc., 1979.

CROSBY, NINA E. and MARTEN, ELIZABETH H. *Don't Teach! Let Me Learn!* Buffalo. N.Y. : D.O.K. Publishers, Inc., 1979.

Crystal Honeycomb Cut-Out Kit. Middletown, Oh. : The Crystal Tissue Company, 1976.

CUMMINGS, RICHARD. *Be Your Own Detective : How to Conduct Investigations and Make Basic Equipment.* New York : David McKay Co., Inc., 1980.

———. *Fun with Monsters : Create Your Own Masks, Make-Up, and Props.* New York : David McKay Co., Inc., 1979.

———. *Make Your Own Alternative Energy.* New York : David McKay Co., Inc., 1979.

Decide and Design. Phoenix, Az. : Resources for the Gifted,

1979.

DEREGNIERS, BEATRICE S. *What Can You Do With A Shoe?* Harper and Row Publishers, Inc., 1978.

EAGLE, ARNOLD. *Beginner's Guide to Super 8 Film Making.* New York : David McKAY Co., Inc., 1980.

ELLEFSON, LINDA. *Say It with Movement.* Buffalo, N.Y. : D.O.K. Publishers, Inc., 1973.

GRAHAM, ADA. *Foxtails, Ferns, and Fish Scales : A Handbook of Art and Nature Projects.* New York : Four Winds Press, 1977.

HAAS, CAROLYN, *The Big Book of Recipes for Fun.* Northfield, Ⅱ : CBH Publishing, Inc., 1980.

Kelly's String and Wire Art Kits. Cincinnati, Oh. : Kelly's String Art, 1978.

KRAUSS, RUTH. *Little King, Little Queen, Little Monster, and Other Stories You Can Make Up Yourself.* Englewood Cliffs, N.J. : Scholastic Book Services, 1969.

LIDSTONE. JOHN and MCINTOSH, DON. *Children as Film Makers.* New York : Van Nostrand Reinhold Company, 1979.

LITTLE, LESSIE JONES and GREENFIELD, ELOISE. *I Can Do It By Myself.* New York : Thomas Y. Crowell Company, 1978.

LOPSHIRE, ROBERT. *How to Make Snop Snappers and Other Fine Things.* West Caldwell, N.J. : Greenwillow Books, William Morrow & Co., Inc., 1976.

McCASLIN, BELLIE. *Shows on a Shoestring : An Easy Guide to Amateur Productions.* New York : David Mckay Co., Inc., 1979.

McGRATH, RUTH EHRIG and GRAHAM, BETH G. *Tools, Wood and Glue : An Invitation to Grow.* Buffalo, N.Y. : D.O.K.

Publishers, Inc., 1977.

Makit Kits Series. Dallas, Tx. : Makit Products, Inc., 1977.

PARISH, PEGGY. *Sheet Magic : Games, Toys, and Gifts from Old Sheets.* Riverside, N.J.: Macmillan Publishing Co., Inc., 1971.

Placemats : Personalized. Westfield, N.J. : Matmaker Company, 1980.

Pumpkins, Pinwheels, and Peppermint Packages (Student Edition). Nashville, Tn. : Incentive Publications, Inc., 1977.

SEIDELMAN, JAMES E. *Creating with Paint.* New York : Macmillan Publishing Co., Inc., 1967.

SEVERN, BILL. *Bill Severn's Big Book of Magic.* New York : David Mckay Co., Inc., 1980.

_____. *Bill Severn's Guide to Magic as a Hobby.* New York : David McKay Co., Inc., 1979.

_____. *50 Ways to Have Fun with Old Newspapers.* New York : David McKay Co., Inc., 1980.

_____. *Magic in Your Pockets.* New York : David McKay Co., Inc., 1974.

SMITH, ROBERT T. *Make a Wish Come True.* Mankato, Mn. : Creative Education, Inc., 1973.

Story Starters. Monterey Park, Ca. : Creative Teaching Press, Inc., 1974.

THORNTON, ALBERTA G. "You Can Write Haiku." Chicago, Ⅱ. : *Highlights : The Monthly Book for Children,* May 1965, pp.36-37.

TODD, LEONARD. *Trash Can Toys and Games.* New York : Penguin Books, Inc., 1976.

WEBSTER, JAMES. *Toys and Games to Make.* Bedford Hills, N.Y.

: Merry Thoughts, 1969.

ZECHLIN, KATHARINA. *Games You Can Build Yourself.* New York : Sterling Publishing Co., Inc., 1975.

ZULIANA, VILMA. *I Believe in Make-Believe.* Chicago, Ⅱ. : Follett Corporation, 1977.

FICTION: FANTASY, IMAGINATION, PROBLEM-SOLVING, AND SENSITIVITY

ALLARD, HARRY. *Miss Nelson Is Missing.* Englewood Cliffs, N.J. : Scholastic Book Services, 1978.

ANNO, MISUMASA. *Anno' s Journey.* Cleveland, Oh. : William Collins, + World Publishing Co., Inc., 1978.

ARTHUR. ROBERT. *Alfred Hitchcock and the Three Investigators in the Mystery of the Talking Skill.* Westminster, Md. : Random House, Inc., 1978.

ATWATER, RICHARD and ATWATER, FLORENCE. *Mr. Popper' s Penguins.* New York : Dell Publishing Co., Inc., 1978.

BACH, ALICE. *Mollie Make-Believe.* Seranton, Pa : Harper and Row Publishers, Inc., 1974.

BARRETT, JUDY. *Cloudy with a Chance of Meatballs.* Paterson, N.J. : Atheneum Publishers, 1978.

BISHOP, CLAIRE HUCHET. *Twenty and Ten.* New York : Puffin Books, 1978.

BOND, MICHAEL and BRADLEY, ALFRED. *Paddingtom on Stage.* New York : Dell Publishing Co., Inc., 1978.

BRADLEY, MICHAEL. *The Shaping Room.* New York : Dodd, Mead & Company, 1978.

BRAM, ELIZABETH. *One Day I Closed My Eyes and the World Disappeared.* New York : The Dial Press, 1978.

BURNINGHAM, JOHN. *Come Away from the Water,* Shirley New York : Thomas Y. Crowell Company, 1978.

BURTON, VIRGINIA LEE. *The Little House.* Boston, Ma.: Houghton Mifflin Company, 1978.

BUTTERWORTH, OLIVER. *The Enormous Egg.* New York : Dell Publishing Co., Inc., 1978.

CHAPMAN, CABOL. *Barney Bipple' s Magic Dandelion.* New York : E. P. Dutton and Co., Inc.,

COLBY, CURTIS. *Bill' s Great Idea.* St. Paul, Mn. : EMC Corporation, 1973.

CONE, MOLLY, *Call Me Moose.* Boston, Ma. : Houghton Mifflin Company, 1978.

CURRY, JANE. *Daybreakers.* New York : Harcourt Brace Jovanovich, Inc., 1970.

DAYRELL, ELPHINSTONE. *Why the Sun and the Moon Live in the Sky.* Boston, Ma. : Houghton Mifflin Company, 1976.

DIVEN, ANNE. *The Scribner Anthology for Young People.* New York : Charles Scrbner' s, Sons, 1977.

ERICKSON, RUSSELL E. *Warton and Morton.* West Caldwell, N.J. : William Morrow and Co., Inc., 1977.

FIFE, DALE. *North of Danger.* Greensboro, N.C. : Unicorn Press, 1978.

FIRST. JULIA. *Move Over,* Beethoven. New York : Franklin Watts, Inc., 1978.

GACKENBACH, DICK. *Mother Rabbit' s Son Tom.* New York : Harper and Row, Publishing Co., Inc., 1977.

GREENE, CONSTANEC C. and MCCULLY, EMILY A. *Isabelle the Ibch.* New York : Dell Publishing Co., Inc., 1974

GWYNNE, FRED. *A Chocolate Moose for Dinner*. New York : Windmill Books and E. P. Dutton and Co., Inc., 1976

HILDRICK, E.W. *The Case of the Secret Scribbler*. New York : Pocket Books, 1979.

_____. *The McGurk Mystery Series*. New York : Pocket Books Education Department, 1976.

HOLL, ADELAIDE. *If We Could Make Wishes*. Champaign, Ⅱ. : Garrad Publishing Co., 1977.

JEFFERS, SUSAN. *Wild Robin*. New York : E.P. Dutton and Co., Inc., 1976.

JENSEN, VIRGINIA ALLEN. *Sara and the Door*. Reading, Ma. : Children' s Book, Dept., Addison-Wesley Publishing Co., Inc., 1977.

KELLER, BEVERLY, *The Beetle Bush*. New York : Dell Publishing Co., Inc., 1978.

KENNEDY, RICHARD. *Oliver Hyde' s Dishcloth Concert*. Boston, Ma. : Little, Brown & Company, 1976.

KEY, ALEXANDER. *The Case of the Vanishing Boy*. New York : Pocket Books, 1979.

KIMBALL, RICHARD L. *A Search for the Great White Also*. San Leandro, Ca. : Educational Science Consultants, 1974.

KING, CLIVE. *Stig of the Dump*. New York : Viking Press, Inc., 1978.

KRAHN, FERNANDO. *The Family Minus*. New York : Parents' Magazine Press, 1977.

KUBINTI, LASZLO, *Zeki and the Talking Cat Shukru*. New York : Simon and Schuster, Inc., 1970.

L' ENGLE, MADELEINE. *A Swiftly Tilting Planet*. New York : Farrar, Straus & Giroux, Inc., 1978.

LENSKI, LOIS. *Lois Lenski' s Big Book of Mr. Small*. New York :

David McKay Co., Inc., 1979.

LEROY, GENE, *Emma' s Dilemma*. New York : Harper and Row, Publishers, Inc., 1977.

_____. *Hotheads*. New York : Harper and Row, Publishers, Inc., 1977.

MARSHALL, JAMES. *George and Martha Encore*. Boston, Ma. : Houghton Mifflin Company, 1977.

MARZOLLA, JEAN. *Close Your Eyes*. New York : The Dial Press, 1978.

MERRIAM, EVE. *What Can You Do with a Pocket?* Westminster, Md. : Alfred A. Knopf, Inc., 1964.

O' NEILL, MARY. *Hailstones and Halibut Bones*. New York ; Doubleday & Co., Inc., 1961.

PAPE, DONNA L. *A Bone for Breakfast*. Champaign, Ⅱ. : Garrad Publishing Co., 1974.

PEET, BILL. *Wump World*. Boston, Ma. : Houghton Mifflin Company, 1970.

PENE DUBOIS, WILLIAM. *Otto and the Magic Potatoes*. New York : Viking Press, Inc., 1970.

RASKIN. ELLEN. *The Westing Game*. New York : E.P. Dutton and Co., Inc., 1978.

RAYNER, MARY. *Garth Pig and the Ice Cream Lady,* Paterson, N.J. Atheneum Publishers, 1978.

REY, H. A. *Cecily G. and the Nine Monkeys*. Boston, Ma. : Houghton Mifflin Company, 1975.

ROBINSON, JEAN. *Secret Life of T. K. Dearing*. Somers, Ct. : Seabury Press, Inc., 1973.

ROSEN, WINIFRED. *Henrietta and the Day of the Iguana*. Englewood Cliffs, N.Y. : Four Winds Press, 1978

SAUER, JULIA LINA. *Fog Magic*. New York : Pocket Books, Inc.,

1976.

SHARMATN, MARJORIE WEINMAN. *Nate the Great Goes Undercover*. New York : Dell Publishing Co., Inc., 1978.

SILVERSTEIN, SHEL. *Where the Sidewalk Ends*. New York : Harcourt Brace Jovanovich, Inc., 1974.

SOBOL, DONALD J. *Encyclopedia Brown Series*. New York : Pocket Books, 1975.

STUART, JESSE. *Come to My Tomorrowland*. Nashville, Tn. : Aurora Publications, 1971. THAYER, JANE. Andy and Mr. Cunningham. Caldwell. N.J.: William Morrow & Co., Inc., 1969.

TOLAN, STEPHANIE S. *Grandpa and Me*. New York : Charles Scribner' s Sons, 1978.

TRUSE, KENNETH. *Benny' s Magic Backing Pan*. Champaign, Ⅱ. : Garrad Publishing Co., 1974.

UNADA, GLIEWE. *Andrew' s Amazing Boxes*. East Rutherford, N.J. : G.P. Putnam' s Sons, 1971.

WABER, BERNARD. *Lovable Lyle*. Boston, Ma. : Houghton Mifflin Company, 1976.

WILLIAMS, JAY, *The Reward Worth Having*. New York : Four Winds Press, 1976.

WILSON, GAHAN. *Harry, The Fat Bear Spy*. New York : Dell Publishing Co., Inc., 1978.

_____. *Harry and the Sea Serpent*. New York : Dell Publishing Co., Inc., 1978.

WINDSOR, PATRICIA. *Mad Martin*. Scranton, Pa. : Harper and Row, Publishers, inc., 1978.

WOLITZER, HILMA. *Introducing Shirley Braverman*. New York : Dell Publishing Co., Inc., 1978.

WYLER, ROSE and AMES, GERALD. *Magic Secrets*. Scranton, Pa.

: Harper and Row, Publishers, Inc., 1978.

YEP, LAURENCE. *Child of the Owl.* New York : Harper and Row,
   Publishers, Inc.,1977.

이 난은 당신의 생각 모음을 위한 공간입니다.

옮긴이 소개

문정화는 미국 오클라호마 주립대학교에서
교육심리학으로 박사학위를 받았고,
현재 재능대학 아동교육상담과 교수로 재직 중이다.
저서로는 『지혜사다리』, 『당신은 자녀를 창의적인 아이로 키우고 있습니까』,
『종합인지능력검사』 외에 다수가 있다.

변순화는 연세대학교 화학과를 졸업하고
연세대학교 교육대학원에서 석사학위를 받았다.
재단법인 한국영재교육연구소와 한국창의성개발연구소에서
연구원으로 일하였으며, 현재 재능대학에 출강하고 있다.

판 권

우리 아이들의 창의성을 어떻게 길러줄 것인가
창의성을 내것으로

1999년 9월 1일 1판 1쇄 인쇄
1999년 9월 5일 1판 1쇄 발행

저　　자 • Doris J. Shallcross
옮긴이 • 문정화 · 변순화
펴낸이 • 김진환
펴낸곳 • 도서출판 **학지사**
120-193 서울시 서대문구 북아현3동 187-10 혜전빌딩 2층
전화 • 363-1333(대)/팩스 • 365-1333
등록 • 1992년 2월 19일 제2-1329호
학지사 홈페이지 www.hakjisa.co.kr

ISBN 89-7548-367-3　03370
징 가 6,000원